琼台文库——中共党史党建学科系列

新时代非公有制企业党建工作机制创新研究

——基于海南自由贸易港的实践

刘　澈◎著

中国财经出版传媒集团
中国财经经济出版社

图书在版编目（CIP）数据

新时代非公有制企业党建工作机制创新研究：基于海南自由贸易港的实践 / 刘澈著. -- 北京：中国财政经济出版社，2023.10

ISBN 978-7-5223-2520-0

Ⅰ. ①新… Ⅱ. ①刘… Ⅲ. ①中国共产党－私营企业－党的建设－研究 Ⅳ. ①D267.1

中国国家版本馆CIP数据核字（2023）第182600号

责任编辑：闫 娟 李肇晗　　责任印制：史大鹏
封面设计：卜建辰　　责任校对：张 凡

新时代非公有制企业党建工作机制创新研究——基于海南自由贸易港的实践
XINSHIDAI FEIGONGYOUZHI QIYE DANGJIAN GONGZUO JIZHI CHUANGXIN YANJIU：
JIYU HAINAN ZIYOU MAOYIGANG DE SHIJIAN

中国财政经济出版社 出版

URL：http：//www. cfeph. cn
E-mail：cfeph@ cfeph. cn

社址：北京市海淀区阜成路甲28号　邮政编码：100142
营销中心电话：010-88191522
天猫网店：中国财政经济出版社旗舰店
网址：https：//zgczjjcbs. tmall. com
北京财经印刷厂印刷　各地新华书店经销
成品尺寸：165mm × 240mm　16开　13.25印张　170 000字
2023年10月第1版　2023年10月北京第1次印刷
定价：68.00元
ISBN 978-7-5223-2520-0
（图书出现印装问题，本社负责调换，电话：010-88190548）
本社图书质量投诉电话：010-88190744
打击盗版举报热线：010-88191661　QQ：2242791300

前 言

党建工作是海南自由贸易港建设的一号工程，是彰显中国特色社会主义制度显著优势的重要方面，是实现中华民族伟大复兴的重要法宝，要把党建工作作为一项伟大工程来推进。马克思和恩格斯认为：“应该使自己的每一个支部都变成工人协会的中心和核心”[①]。列宁曾称赞马克思恩格斯所做的贡献就是把“社会主义同工人运动结合起来”[②]，从而更好地指导社会实践。列宁也曾指出：“工人阶级的力量在于组织。不组织群众，无产阶级就一事无成，组织起来的无产阶级就无所不能。”[③]这些经典作家的论述都是党建引领社会实践发挥作用的真实写照。党建工作既推进了社会的有序治理，又保证了社会充满活力，是实现国家治理体系和治理能力现代化的压舱石。中国特色社会主义进入新时代，只有坚持和完善党的领导制度体系，才能实现党建工作机制创新。

2022年10月16日，习近平总书记在党的二十大报告上指出：“毫不动摇巩固和发展公有制经济，毫不动摇鼓励、支持、引导非公有制经济发展。加强混合所有制企业、非公有制企业党建工作，理顺行业协会、学会、商会党建工作管理体制。加强新经济组织、新社会组织、新就业群体党的建设。”[④]2023年7月14日，党中央、国务院又发布了《关于促进

① 马克思恩格斯选集第1卷［M］.北京：人民出版社，1995：369.

② 列宁全集第4卷［M］.北京：人民出版社，1986：213.

③ 列宁全集第14（卷）［M］.北京：人民出版社，2017：121–122.

④ 习近平.高举中国特色社会主义伟大旗帜为全面建设社会主义现代化国家而团结奋斗——在中国共产党第二十次全国代表大会上的报告［N］.新华网，2022–10–16.

民营经济发展壮大的意见》，再次明确表态“两个毫不动摇”的方针不会变。非公有制企业党组织是我们党基层组织的重要组成部分，是党的肌体的“神经末梢”，是企业主与党员群众联系的重要纽带，是从严治党、制度建党和思想建党的重要实践阵地。近几年来，非公有制企业已经成为党的基层组织的重要组成部分，在推动我国经济社会发展的过程中发挥着重要的作用，非公有制企业作为基层组织的重要组成部分，经济高质量发展的要求使得加强非公有制企业党建工作变得愈加重要，党建工作的加强离不开机制作用的发挥，以习近平新时代中国特色社会主义思想为指导是实现非公有制企业党建工作机制创新的重要前提和基础。要更好地发挥非公有制企业党组织在企业的政治引领作用和政治核心作用，提升党组织的组织力是关键。从“有形覆盖”到“有效覆盖”，从“功能覆盖”到“实效工作开展”成为当前非公有制企业党建工作机制创新所要解决的现实问题。解决好这一现实问题，是继续发挥党的组织优势，以组织体系建设为重点，提升非公有制企业党组织组织力，突出政治功能的需要；也是宣传贯彻党的路线方针政策，促进非公有制企业健康发展，加强自我革命，团结凝聚党员群众的需要。

开展新时代非公有制企业党建工作机制创新研究是为了解决非公有制企业党建工作创新能力和效力的问题。本书所提出的党建工作机制创新主要指的是党组织组织力提升的评估因素和党建工作质量评估因素。党组织组织力提升的评估因素包括组织覆盖和工作覆盖，党建工作质量评估因素包括结构指标、过程指标和文化指标。非公有制企业党建工作机制要想解决创新能力和效力问题，就要获得党组织组织力的评估因素和党建工作质量评估因素对它的认同和支持，同时党组织要在变通的基础上发挥作用。

本书对非公有制企业党建工作机制创新的研究突破了原有的解释框架，把非公有制企业党建工作机制放在了理论和实践相结合的基础之上，使本书具有了更大的解释力和实用价值范围。一个突出表现在党组织的组织力提升要靠“组织覆盖”和“工作覆盖”的考核项目和具体指标来评估。组织覆盖的基本考核项目有组织覆盖率、单独组建率和党员增长率等；具体考核指标包括党委数量、支部数量、党员数量、入党积极分子数量、党务工作者数量和党组织健全程度等。工作覆盖的基本考核项目有领导工作实现程度、创建工作实现程度和常规工作完成率等；具体考核指标包括党会、党组织活动台账、民主议事决策落实、党员教育与管理、党建+、党费收缴、党员发展、联系服务群众等。而另一个突出表现在党建工作质量要靠结构指标、过程指标和文化指标来评估。

按照这两种视角分析发现，海南自由贸易港作为中国对外开放新高地，是习近平总书记亲自谋划、亲自部署和亲自推动的重大战略决策。五年多来，海南自由贸易港建设沿着习近平总书记指引的方向，从“顺利开局”到“蓬勃展开”到“进展明显”再到“蓬勃兴起”，在探索党建引领非公有制企业参与社会治理的过程中不断彰显自由贸易港政策的优势和社会的责任。党的十八大以来，习近平总书记三次考察海南，对基层党建工作作出了重要的指示批示，先后深入科研院所、企业、乡村，提出“全面加强党的领导和党的建设，为加快建设中国特色自由贸易港提供坚强保证”的要求。实践证明，非公有制企业党建工作机制创新有助于非公有制企业高质量发展。近年来，在海南省委发布的《关于坚持以党建引领海南自由贸易港建设的意见》和省委组织部出台的《关于加强全省非公有制经济组织和社会组织党组织管理体制机制建设的意见（试行）》《海南省园区党建工作实施办法（试行）》等文件的作用下，齐鲁制药（海南）有限公司党支部、海南倍特药业有限公司党支部、海南日月广场商圈党委以及海南玉蕊花国际传播有限公司网络主播联合党支部等非公有制企业在参与社会治理方面发挥着重要的作用。为此，本书选取海南自由贸易港背景下的商务楼宇、园区、商圈、文创及小微企业、个体工商户、专业市场五种不同存在形式的非公有制企业作为研究对象，从党建机制创新的治理效能为缘由，在海南自由贸易港背景下的非公有制企业党建工作机制创新的现状、已取得的主要成果为依托，通过对海南自由贸易港背景下的非公有制企业党建工作机制作用的实证现状进行分析和评价。在此基础上，提出影响海南自由贸易港背景下的非公有制企业党建工作机制作用发挥的问题及原因，根据不同存在形式的非公有制企业党建工作发展的主要实践经验，有针对性地提出海南自由贸易港背景下的非公有制企业党建工作机制作用发挥的对策及建议。

目　录

第1章 导论

1.1　问题起源

1.1.1　研究背景

截至2022年12月31日，中国共产党党员总数为9804.1万名，比2021年年底净增132.9万名，增幅为1.4%，企业基层党组织157.1万个[①]。作为一个如此庞大的组织，中国共产党要想永远立于不败之地，就必须持之以恒地推进党的自我革命，这也是中国共产党带领全国人民走向繁荣富强的重要法宝，也是摆在我党面前的一个重大理论和实践课题。进入新时代，中国共产党坚持和加强党的全面领导，成为党的建设工作的首要任务。习近平总书记在党的十九大报告上强调："党政军民学，东西南北中，党是领导一切的"[②]。说明了中国共产党是一切工作的领导核心，这个领导核心是思想上的统一、政治上的团结、行动上的一致的有力保障，为全面推进党的建设新的伟大工程开创新的局面。

中共中央宣传部在坚持党的全面领导和全面从严治党有关情况的发布会上的统计显示：截至2022年6月30日，活跃在非公有制企业中有57万多个基层党组织和590多万名共产党员。非公有制企业党建工作已经成为基层党建工作的重要组成部分，是坚持和加强党的全面领导的关键一环。非公有制企业党建工作的开展离不开机制的创新，非公有制企业党建工作机制的创新是伴随着非公有制经济蓬勃发展而不断的自我完善和自我修

① 中共中央组织部.2022年中国共产党党内统计公报［N］.新华网，2023-06-30.

② 习近平.决胜全面建成小康社会 夺取新时代中国特色社会主义伟大胜利——在中国共产党第十九次全国代表大会上的报告［M］.北京：人民出版社，2017.

复。新中国成立70多年，非公有制经济的发展优化了所有制结构和完善了社会主义市场经济制度；特别是改革开放40多年以来，非公有制经济进入了自身发展的黄金期，从微不足道的个体经济发展成为公有制经济的有益补充，从公有制经济的有益补充发展成为社会主义市场经济的重要组成部分。非公有制经济快速的发展成为稳定经济增长的重要因素、改善民生的重要力量、创新就业的重要领域、国家税收的重要来源等，为推动经济社会发展贡献重要力量。完善和坚持党的全面领导的制度，是为了更好地加强和引导非公有制企业健康稳定的发展。党和政府逐渐开始重视在非公有制企业中建立党组织以及开展党组织的相关活动，从而扩大党的覆盖面和巩固党的阶级基础。

非公有制企业党建工作的开拓与发展是个曲折的过程。非公有制经济早期主要经济形式以"个体私营经济和资本主义工商业经济"为主；在新中国成立初期，由于当时的国内经济状况不佳，需要利用、扶持非公有制企业为快速恢复国民经济而服务，因此得到了一定的发展；然而受到教条式的社会主义所有制观念的影响，在相当长的一个时期内，非公有制经济遭受到被消灭、被彻底铲除的非国民待遇。随着改革开放的提出，非公有制企业的地位逐渐得到了恢复和认可，在组织吸纳和政治安排的双重作用下，他们积极地参政议政，在地方政府政策的决策过程中发挥着重要的作用，树立了良好的社会形象。尤其是在20世纪90年代中期，国有企业改革进入攻坚期，许多国有企业党员职工转岗到非公有制企业继续从事工作，还有的选择下海经商，造成了流动党员、隐形党员增多，传统意义上的党员管理模式和党的基层组织建设模式造成了党建工作覆盖面的盲点。面对新形势、新问题、新挑战，党中央出台了一系列的关于加强非公有制企业党建工作机制的指导意见。为此，以非公有制企业主阶层为代表的新社会阶层逐渐进入人们的视线，不断彰显自身的社会价值。"截至2017年年底，非公有制企业贡献了50%以上的税收，60%以上的国内生产总值，70%以上的技术创新成果，80%以上的城镇劳动就业，90%以上的企业数量。”[①]例如：开展“万企帮万村”活动，积极承担社会责任，助力国家全面脱贫工作。党的十八大以来，基层党组织依然存在着政治功能不强，弱化、虚化、边缘化的问题。习近平总书记在2018年7月召开的全国组织工作会议上强调：“加强基层党组织建设，要以提升组织力为重点，突出政治功能。要健全基层组织，优化组织设置，理顺隶属关系，创新活动方式，扩大基层党的组织覆盖和工作覆盖。”[②]党的二十大提出，要“构建高水平社会主义市场经济体制”，并强调要坚持和完善“两个毫不动摇”，进一步加强非公有制企业党建工作。至此，非公有制企业党建走过了不平凡的发展历程，成为发展社会主义市场经济的重要力量，“党建工作抓实了就是生产力，抓好了就是凝聚力，抓细了就是竞争力”的理念在企业上下深入人心。坚持和完善党的全面领导的制度，提升非公有制企业党组织的组织力，对于加强非公有制企业党建工作机制创新的能力至关重要。

1.1.2 研究意义

非公有制企业作为我国建设现代化经济体系的重要组成部分，已经成为加快建设海南自由贸易港的重要力量。非公有制企业高质量发展离不开党建引领，党建引领是非公有制企业实现高质量发展的必然选择，并发挥着至关重要的作用。因此，在海南自由贸易港背景下研究非公有制企业党建工作机制创新具有重要的理论意义和现实意义。

理论意义：随着中国开放的大门越开越大，非公有制企业的发展也迎来了前所未有的机遇和挑战。非公有制企业在党的方针政策引领下不断

① 习近平.在民营企业座谈会上的讲话［N］.新华网，2018-11-01.

② 习近平.在全国组织工作会议上的讲话［N］.人民网，2018-07-04.

地发展壮大，已经成为推动我国经济社会发展不可或缺的重要力量，在政府转变职能、创业就业、技术创新、国际市场等方面发挥着重要作用。然而，党的领导落实到基层还存在一些“中梗阻”的现象，非公有制企业党建工作机制在某些领域没有真正破题，这些问题是着眼于党的全面领导，党的全部工作要靠党的坚强组织体系建设去解决的。本书有助于拓展党组织组织力研究的理论深度和理论视野，按照马克思主义建党原则，归纳总结出影响非公有制企业党建工作机制作用发挥的问题及原因，使得“组织力”概念更加富有学理性和覆盖性，通过提升非公有制企业党组织的组织力，构建党组织组织力提升的评估体系，深化了党组织与非公有制企业的内在联系，发挥非公有制企业党组织政治引领作用，从而扩大党在非公有制企业中的号召力和凝聚力，进而促进非公有制企业党建理论创新，将非公有制企业党组织组织力提升的影响因素及经验做法进行理论化表达，从学理上深化非公有制企业党组织组织力的研究。

现实意义：研究非公有制企业党建工作机制创新，既是我党在新时代明确党的组织路线的需要，又是非公有制企业实现高质量的发展需要。非公有制企业党组织以精细化引领为抓手，优化组织体系，科学分析政治诉求，在有效提升党组织组织力研究框架下，试图构建非公有制企业党组织组织力评估体系，服务于“海南自由贸易港”这个国家战略。一方面，非公有制企业党组织在党的组织体系建设中具有政治核心地位，发挥其政治核心作用是非公有制企业党建工作机制创新的根本方向。另一方面，对非公有制企业中党组织的政治功能进行创新，有助于非公有制企业发挥党组织的政治功能来获得外界经济资源、政治资源和社会资源。本书将有助于找出影响非公有制企业党组织组织力提升的关键因素，从非公有制企业的实证、比较分析中吸取经验与启示，帮助党务工作者或研究者科学地评判非公有制企业党组织组织力提升的效度，为党建引领非公有制企业高质量发展提供路径与方向。

1.2 文献综述

国外学者主要从组织社会学的角度研究各类企业经济问题，对非公有制企业党建问题涉及较少。自改革开放以来，我国非公有制企业从小到大、从弱到强，不断发展壮大，党建工作的形势也是在不断地发展变化，关于在非公有制企业中建立党组织的问题逐渐得到关注和重视。理论界和实务界对非公有制企业党建工作的重视与党中央发布的政策文件密切关注，党中央文件以及政府部门政策的发布是研究非公有制企业党建研究工作的重要依据，特别是2012年中央办公厅印发《关于加强和改进非公有制企业党的建设工作的意见（试行）》，对抓好非公有制企业党建工作作出重要部署。为此，通过查找“中国知网”文献数据，对2012年以后的非公有制企业党建工作相关研究做梳理，可以从以下数据直观了解2012年以后研究成果的大致情况。

这一时期的研究主要是以地方模式探索为主，关于地方经验总结主要是以如何开展的研究成果占较大比重。此外还包括“两个作用”、重要性、问题对策等主题的研究（见图1-1）。

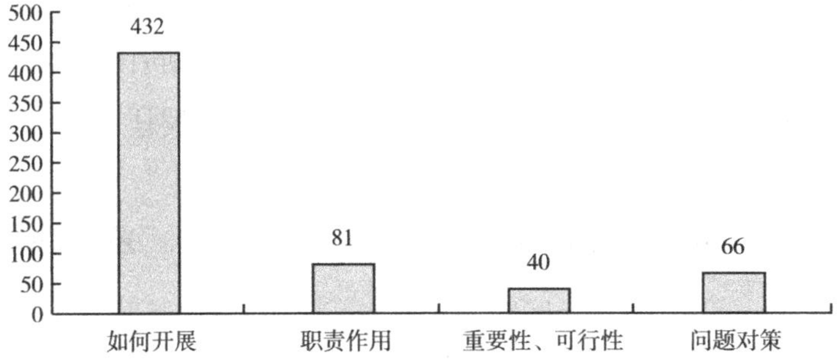

图1-1 2012年后非公有制企业党建相关研究数量

1.2.1 关于非公有制企业党建工作的相关研究资料来源

第一，相关主要论著、相关论文。已收集、整理国内出版的专著31部，硕士、博士学位论文103篇，CSSCI来源学术期刊论文76篇（2012年后）。

第二，相关研究课题。已收集2012—2022年国家社科基金项目和教育部人文社科项目立项名单，并通过非公有制企业党建相关题目进行查询，分别立项了6个和3个相关的研究课题。

第三，党的十八大以来出台的党内规章制度和重要讲话等。习近平总书记分别在2018年7月召开了全国组织工作会议、2018年11月召开了民营企业座谈会、2023年6月对党的建设和组织工作作出重要指示以及2023年10月同中华全国总工会新一届领导班子成员集体谈话并发表重要讲话。包括2014年的《中国共产党发展党员工作细则》和《关于加强基层服务型党组织建设的意见》、2015年的《关于加强社会组织党的建设工作的意见（试行）》和《中国共产党廉洁自律准则》、2016年的《中国共产党党内监督条例》、2017年的《中国共产党党务公开条例（试行）》、2018年的《关于党的基层组织任期的意见》和《中国共产党支部工作条例（试行）》、2019年的《中国共产党党组工作条例（试行）》和《关于加强和改进城市基层党的建设工作的意见》、2022年的《中国共产党基层组织选举工作条例》、2021年的《关于在防汛救灾中充分发挥基层党组织战斗堡垒作用和广大党员先锋模范作用的通知》、2022年的《关于加强新时代离退休干部党的建设工作的意见》、2023年的《关于促进民营经济发展壮大的意见》。

1.2.2 非公有制企业党建工作的重要性、必要性探讨

改革开放40多年以来，一系列党和国家的重大会议都对非公有制企

业开展党建工作的重要性和必要性予以了明确的指示和说明，成为探索我国非公有制企业开展党的建设的理论依据和实践依据。综合来看，主要有两种思路：

第一，侧重于从非公有制企业党建对我国经济社会发展的影响的角度来谈。李宏（2004）认为，“实现全面建设小康社会目标，必须进一步加强非公有制经济组织党建工作。我国非公有制经济的产生和发展，是由我国社会主义初级阶段的基本国情和生产力发展水平决定的。”①王向志（2008）认为，加强非公有制企业的党建工作是“改革开放、发展社会主义市场经济所提出的新要求”，“改进党的组织形式和工作方式所提出的新要求”②，通过强调加强非公有制企业党建的紧迫性来说明加强非公有制企业党建的重要性。吴胜（2022）认为，“现阶段，随着中国开放的大门越开越大，我国的市场环境在不断地调整，与国际市场全面接轨，非公有制企业不论是在决策制定中、生产实践中，还是在管理运营中，都能够按照中央和政府的部署安排，优化自身决策、强化自身生产、改进自身管理，同对我国的市场经济整体建设做出有力贡献。”③

第二，侧重于站在完善地领导、增强党对国家的调控能力的角度来谈。牛飞、汤文治（2007）认为，“做好非公有制经济中的党建工作是有效扩大和巩固党的阶级基础和群众基础”，“是加强非公有制企业的党建工作，是加强党对非公有制企业领导的需要”，“是加强非公有制企业的党建工作，是发挥党员先锋模范作用、保持党的先进性的需要”④。邱观建（2011）则通过阐述巩固和扩大组织基础、阶级基础和群众基础来增强非公有制企业基层组织的凝聚力、群众的号召力、社会阶层的影响力，达到

① 李宏．增强党在非公有制经济组织中的凝聚力［J］．求是，2004（19）．

② 王向志．论加强非公有制企业党建工作的重要性［J］．中国集体经济，2008（15）．

③ 吴胜．非公企业党建工作的重要性及策略探讨［J］．中外企业文化，2022（06）．

④ 牛飞，汤文治．关于非公有制经济中党建工作的认识与思考［J］．学术探索，2007（4）．

有利于教育和引导非公有制企业业主、营造良好的企业内外部环境，进而说明非公有制企业党建的重要性和必要性[①]。李明伟、宋姝茜（2019）认为，非公有制经济的迅速发展使其逐渐成为社会主义市场经济的重要组成部分，加强非公有制企业党建工作，不断提高非公有制企业党建工作的发展力、凝聚力以及创造力，建立起学习型、服务型和创新型的党组织，必将为基层党组织的建设工作发展提供新思路与新模式[②]。

1.2.3 非公有制企业党组织的定位与作用研究

第一，企业政治核心说。中国共产党的执政地位决定了党的领导必须全覆盖，并通过党的组织体系贯彻到基层组织。杨学忠（2010）认为，党组织在非公有制企业中要发挥“双协双共”“双有双保”的作用。“双协双共”即“协商协调、共建共赢”，“双有双保”即党支部组建后，按照“有为有位、保证保障”的思路开展工作。以党组织的“有为”实现在新经济组织的“有位”，使党组织在企业中要有所作为，拥有在企业能够发挥政治核心作用的重要地位[③]。高国舫（2013）认为，“不少非公企业缺乏高远的文化建设目标，基本上是一种各自为阵、孤军奋战的格局，而非公企业文化建设缺乏必要的氛围烘托，而氛围对文化建设的影响非常巨大。也急需非公党建予以引领”，因此以非公党建引领非公有制企业文化建设既符合非公党建发展的自身需求，也符合非公有制企业规范、提升的期盼[④]。黄旻露（2018）认为，要实现党组织在非公有制企业的“政治核心

① 邱观建．论非公有制经济组织党的建设工作的体制机制创新［J］．武汉理工大学学报，2011（12）．

② 李明伟，宋姝茜．新时代非公企业基层党组织建设质量提升探究［J］．新视野，2019（05）．

③ 杨学忠．探索非公企业党建工作新路子［J］．党建研究，2010（4）．

④ 高国舫．非公党建发展第三波——非公党建引领非公企业文化［J］．长白月刊，2013（3）．

作用”和“政治引领作用”，就要确立非公有制企业党组织在企业中发挥政治功能、实现政治地位，而不是经济或者文化性质，要做群众的思想政治工作，团结凝聚企业职工[①]。

第二，企业职工核心说。党组织应该保障广大职工的权益，符合马克思主义立场，代表着广大的工人阶级利益。冯波等（2012）通过大量的调查，以苏宁电器集团党建和天地伟业数码科技有限公司党建为典型，指出党组织在其中发挥的功能是汇聚企业内部员工的心，促进企业稳定与快速进步。张占辉（2012）认为，非公有制企业党组织应该以“助企业发展、促劳资和谐”为着力点，取得企业主的理解、支持，获得广大党员、职工的拥护，使其作用充分发挥[②]。

第三，其他观点。有些学者在研究非公有制企业党组织的定位与作用时利用自己所掌握的知识进行了跨学科的研究。张金亮（2012）通过利益相关者理论来分析非公有制企业党建的定位和作用。根据非公有制企业党建现状，作者使用了米切尔评分法为分析工具，提出了非公有制企业党建工作大体经历两个阶段：阵地建设、获取认同和发挥作用阶段[③]。彭贵刚（2012）认为，党组织“两个作用”的发挥至关紧要，但不能包揽职工全部工作和生活中的事务，不是要党组织替企业做主，更不是让党组织去领导和管理企业，而是在职工群众中发挥政治核心作用和在企业发展中发挥政治引领作用[④]。

---

① 黄旻露.非公企业党组织功能及实现途径研究［J］.辽宁省社会主义学院学报，2018（2）.

② 张占辉.以“助企业发展、促劳资和谐”为着力点充分发挥非公有制企业党组织作用［J］.中外企业家，2012（1）.

③ 张金亮.利益相关者理论视阈下的非公企业党建研究——一种理论研究路径的分析与评价［J］.上海党史与党建，2012（4）.

④ 彭贵刚.非公企业党组织“两个作用”的内涵研究［J］.探索，2012（5）.

1.2.4 非公有制企业党建工作的体制机制研究

在非公有制企业开展党建工作与传统的国有企业存在很大不同。这决定了党组织在非公有制企业中发挥作用不能照搬国有企业那一套，而是要积极建立符合自身特点的体制机制。

第一，构建合理的可运作性强的内部机制。刘雅文（2005）认为，搞好组织发展，要把好“人口关”，健全党员发展机制，严格执行发展党员的十六字方针。要坚持标准、保证质量，慎重做好在新的社会阶层发展党员工作，同时也要建立起党员的动态管理机制，解决好“口袋”党员、“隐形”党员问题[①]。邱观建等（2011）认为“民营企业组织党建工作的健康发展必须以民营企业组织党建工作体制为突破口，进行党建工作领导体制、运行机制、管理服务机制、动力保障机制等系统的改革与创新。体制是基础，是前提；机制是关键，是保障”[②]。

第二，建立健全外部机制。任映红（2007）认为，从非公有制企业党建评价体系构建的意义、评价体系的考量要素、评价体系建构的基本方法等三个方面出发，论证了构建非公有制企业党建评价体系的重要性和构建非公有制企业党建评价体系的基本途径。他指出“构建非公有制企业党建评价体系，使其成为和谐企业建设大环境下党建工作的‘指挥棒’和‘助推器’，能全面引导和促进非公有制企业党建工作”[③]。林立公、杨绪盟（2010）认为，通过建立统战部门配合非公有制经济组织党建的工作机制，团结教育引导非公有制经济企业主，使之支持在本企业开展党的工作，符合党章规定条件的非公有制先进分子可以加入党组织并建立党的组

---

① 刘雅文．非公有制企业党建工作刍议［J］．中央社会主义学院学报，2005（3）．

② 邱观建．论非公有制经济组织党的建设工作的体制机制创新［J］．武汉理工大学学报，2011（12）．

③ 任映红．非公企业党建评价体系的探索与构建［J］．江汉论坛，2007（1）．

织。对于党外的非公有制经济人士，则可以通过党的统一战线工作，贯彻党对新的社会阶层人士统战工作方针，密切党与他们的联系[①]。

1.2.5　非公有制企业党的建设存在问题的对策研究

现有的研究很大一部分属于对策型，非公有制企业中党组织体系构建问题——对策研究属于起步阶段，对于提升非公有制企业党组织组织力的理论和实践研究更是少之又少。其中卢爱国等（2017）从立足国家—社会转型复合化与政党整合困境复合化的现实环境问题出发，提出基层党组织体系的构建就是政党体系与党外体系连接，分别从加强基层党组织体系的内部再造、行政体系联接和社会体系连接的角度阐述。王永华（2016）通过分析党组织组建难、党组织定位难、党员教育管理难等问题，提出要在非公有制企业中扩大党的组织覆盖和工作覆盖，通过明确功能定位提升党组织体系制度化和党组织的向心力等针对性对策。王保彦（2018）通过分析商圈和市场党员少、发展党员组织和个人入党不积极等问题，力图从功能最大化，新的生产生活交往方式，激发党员活力、动力和干劲上，现代信息技术在组织体系设置管理评估四个方面发挥作用。

1.2.6　我国非公有制企业党建研究的总体评价

通过前面的分析，可以看出研究成果更多集中在非公有制企业建立党组织的重要性和必要性、党组织的功能作用发挥、问题、对策等内容的探讨上，很多成果体现出一定的深度和创新性，对于今后研究非公有制企业党建工作具有指导意义。但是，现有的结论和经验还不足以完全解释和解

---

① 林立公.杨绪盟.非公有制经济组织党建体制机制创新初探［J］.马克思主义研究，2010（11）.

决非公有制企业党的建设工作中所面临的新情况、新问题，还不能满足新时代非公有制企业党的建设实践发展的需要，许多深层次的理论和操作，还需要进一步深入分析。

现阶段研究有以下不足：一是研究内容多有重复，“问题意识”尚显缺乏，没有牵住“牛鼻子”，核心问题没有得到根本解决；二是学术界对理论内涵挖掘不够深入，实践价值提炼不够鲜活；三是研究角度比较单一，缺乏交叉学科的高质量的研究成果；四是规模以下非公有制企业的党建工作，大多没有真正破题。以上不足，使得关于研究非公有制企业党建工作机制的创新性问题研究不足，即便出现关于非公有制企业党建工作机制创新研究，其内容也多限于“自说自话”之境地，理论研究落后于实践工作，因此也影响了此项工作的实践自觉，为非公有制企业党建工作机制创新研究增加了难度。

1.3 研究方法与内容

1.3.1 研究方法

第一，文献分析法：本书通过对非公有制企业党建工作机制创新的相关论题的图书、期刊、研究报告等出版物进行系统分析和整理，依据文献分析的结果，开展本书研究框架构建，并作为本书拟定调查问卷的思路、进行实证调研的基础。

第二，实证研究分析法：通过对海南自由贸易港背景下的非公有制企业党建工作机制作用发挥的实证调查所获取的大量实据进行研究，通过文件调查与问卷调查，把握现实中的实际问题，既重视理论上的逻辑演绎，也重视实证分析和案例解析。

第三，系统科学法：将提升非公有制企业党组织的组织力放在更广阔的视野中进行分析，以实现党组织组织力作用发挥在非公有制企业中的引领性、独立性与系统化的科学结论。

1.3.2 研究内容

第一，关于对非公有制企业党建工作的理论、实践与治理效能的探讨。系统梳理了党关于发展非公有制企业过程中相关政策的历史演进轨迹，总结阶段特征、核心思想、演进动力，厘定党对非公有制企业的基本政策、非公有制企业党组织的角色转变、与非公有制企业联系紧密的指导思想、关系构成及现实意义等。

第二，关于海南自由贸易港背景下的非公有制企业党建工作基本概况及实证分析。系统梳理了关于海南自由贸易港背景下的非公有制企业发展基本情况、党建发展基本情况以及党建工作机制的成果展示，并通过问卷调查等形式开展实证分析，以商务楼宇、园区、商圈、文创和“小个专”等五种不同存在形式的企业进行抽样调查，真实客观地反映出海南自由贸易港背景下的非公有制企业党建工作机制作用发挥的现实状况及需求。

第三，关于海南自由贸易港背景下的非公有制企业党建工作机制存在的问题、原因及质量评估。指出非公有制企业党建工作机制存在的问题，总的来看，就是“两张皮”；具体来看，存在着党员发展机制受到限制、党组织政治功能作用发挥机制不明确、党员接收管理机制不完善、党组织开展活动的质量难以保证等问题。从体系论的角度进行原因分析，主要表现在主体因素、制度因素和环境因素三个方面。可以从结构指标、过程指标及文化指标来评估党建机制作用的发挥。

第四，海南自由贸易港背景下的非公有制企业党建工作机制创新的路径。通过分类梳理海南自由贸易港背景下的非公有制企业开展党建工作的主要实践经验，选取商务楼宇、园区及商圈等形成的区域性、行业性、综合性党组织，剖析消除空白点和盲区；选取新兴业态、文创企业和“小个专”等形式，以提升其组织力为重点，扩大党在新兴领域的号召力、凝聚力，注入“红色基因”。具体的思路可以概括为：其一，提升党组织的组织力；其二，突出政治功能；其三，改进和创新组织设置和构架等方面进行党建工作机制的路径创新。

1.4 研究重点和难点

1.4.1 研究重点

一是影响非公有制企业党组织组织力评估因素。二是非公有制企业党建工作机制作用发挥的评估指标。

1.4.2 研究难点

一是非公有制企业的管理层和党组织两个异质组织的结构嵌入与功能融合路径。二是实证分析的过程中数据采集。

1.5 创新点

本书以“新时代非公有制企业党建工作机制创新的自贸港实践”作为

研究主题具有一定的创新性。

首先，学术思想上，拓展了非公有制企业党组织组织力研究的理论视野，使得“精细化提升非公有制企业党组织组织力”理念更加富有学理性。同时，精细化组织模式具有一定的概括性与逻辑自洽性，能够成为高质量发展视域下非公有制企业党组织组织力研究的独立概念框架。

其次，学术观点上，根据“组织密度—功能密度”构建的非公有制企业党组织组织力评估体系研究框架，搭建起了非公有制企业党组织组织力评估体系，一方面有助于用理论指导党建工作实践，另一方面还有利于形成具体考核量表和问卷等，帮助党务工作者或研究者科学地评判非公有制企业党组织组织力建设的效度。

最后，研究方法上，在逻辑演绎分析的基础上，运用马克思主义哲学、政党政治学、文献研究、问卷调查、深度访谈、德尔菲（专家意见）、案例分析等方法收集和采集相关数据，并引入经济学、管理学及统计学等研究方法，有助于充实党建研究的方法论基础，推动党建学科与其他学科的理论交流。

1.6 概念界定

对非公有制企业党建工作机制创新的研究，需要界定几个概念。

1.6.1 非公有制企业

“非公有制企业”概念最早见于1991年7月中共中央发布的中央统战部《关于工商联若干问题的请示》的报告，报告中正式使用了“非公有制经济”这一概念。在随后召开的党的十五大上，提出“公有制为主体、多种所有制经济共同发展，是我国社会主义初级阶段的一项基本经济制度”。非公有制企业又称非公有制经济，是改革开放40多年来逐渐发展起来的，是我国社会主义市场经济的重要组成部分，是非公有制经济组织的主要组成部分。非公有制企业与公有制企业是两个相对的概念，非公有制企业从理论上来讲，是指国民经济中除去公有制企业以外的其他经济成分，或私有经济成分占主导地位的企业（所占股份对企业起到控制作用）。主要包括民营经济和外资经济两大部分。

1.6.2 非公有制企业党建

非公有制企业党建是党的组织体系建设的关键一环，是基层党建工作的重要组成部分。非公有制企业党建工作主要表现形式即党组织从企业外部嵌入企业内部，通过发挥党组织的作用，达到整合、团结、动员非公有制企业的目的，进而可以建立稳定、和谐的政商关系，带领企业全体党员职工开展或参与具有行业特点的党组织活动。

1.6.3 非公有制企业党建工作机制

非公有制企业党建工作机制是企业开展党建工作的重要保障，是解决非公有制企业党建工作创新能力和效力问题的关键所在。包括制定非公有制企业党建目标、建立科学规范的激励评价机制，从促进非公有制企业经营效益的提升，使得非公有制企业党建工作机制进一步拓展，达到互利共赢。

第2章 新时代非公有制企业党建工作概述

非公有制经济人士既是新时代党长期执政和扩大群众基础必须团结和依靠的力量，非公有制经济又是坚持和发展中国特色社会主义的重要经济基础。为此，厘清新时代非公有制企业党组织组织力、非公有制企业党建工作的基本特点以及党建引领下的非公有制企业三重逻辑，对于实现非公有制企业高质量发展具有指导意义。

2.1　新时代非公有制企业党组织组织力

2018年7月，习近平总书记在全国组织工作会议上强调："党的全面领导、党的全部工作要靠党的坚强组织体系去实现。"[①]非公有制企业作为基层党组织，是按照马克思主义政党的建党原则建立起来的，是党的组织体系的重要组成部分。基层党组织是党执政大厦的地基，重点要放在提升基层党组织的组织力上，即发挥非公有制企业党组织的组织能力和治理能力。

2.1.1　非公有制企业党组织组织力的内涵

习近平总书记在全国组织工作会议上强调："基层党组织组织能力强不强，抓重大任务落实是试金石，也是磨刀石。"[②]非公有制企业作为基层组织的重要组成部分，要更好地发挥非公有制企业中党组织的政治引领作用和政治核心作用，提升党组织的组织力是关键。具体表现为从"有形覆盖"到"有效覆盖"，从"功能覆盖"到"实效工作开展"，确保非公有

①②　习近平．在全国组织工作会议上的讲话［N］．人民网，2018-07-04.

制企业健康稳定发展。这是提升非公有制企业党组织组织力建设的政治性与科学性的统一，也是实用性与理论性的统一。

随着我国社会主义现代化进程的推进，非公有制经济已成为推动经济社会发展的重要力量，非公有制经济的长期稳定健康发展直接影响着市场经济秩序的稳定。选择机制、激励机制、约束机制和决策机制等，都是以稳定非公有制经济健康发展为目的。但从现实情况看，明确责任、协调运转和有效制衡等方面的调整，未从根本上化解非公有制企业治理能力的“最后一公里”困境。将党组织嵌入非公有制企业经营治理过程中，以提升非公有制企业党组织组织力为重点，成为化解非公有制企业治理能力的“最后一公里”困境的新突破。在政治性视角下是非公有制企业党组织能力的体现，具有对内与对外的总体性、超越部分的系统性和厘定主体的结构性，是内聚力与外聚力的统一；在科学性视角下是非公有制企业党组织的组织力表现为其组织要素间“替代率”形成的合力，直接体现在非公有制企业党组织科学配置组织资源、支配组织要素和达成组织目标的“产出能力”，也可以理解为非公有制企业党组织“抓重大任务落实”的治理能力。由此，我们可以把非公有制企业党组织组织力的内涵界定为非公有制企业党组织的组织能力及其“替代率”产生的合力，即组织能力与治理能力的统一。

2.1.2 非公有制企业党组织组织力的影响因素

组织能力与治理能力，是非公有制企业党组织组织力的基本内涵组成部分。其中，组织能力是其政治性表现，治理能力是其科学性表现。可以说，非公有制企业党组织的组织能力，是其领导力、动员力、管理力、执行力、创造力和战斗力等内聚力与外聚力的综合体现；非公有制企业党组织的治理能力，是其统合能力、发展能力、协调能力、濡化能力、服务能力、适应能力和制度化能力等能力的综合体现。非公有制企业党组织在组织和治理两方面的能力，构成非公有制企业党组织组织力的全部。具体而言，组织能力可以视为结构性能力，治理能力可以视为工作性能力。非公有制企业党组织的结构性能力受“组织密度”影响，工作性能力受“实效密度”影响。因此，非公有制企业党组织组织力的影响因素受组织密度和实效密度的影响。

2.2　新时代非公有制企业党建工作基本特点

进入新时代，非公有制企业党建工作的制度创新蹄疾步稳、扎实推进。可以说，党中央对非公有制企业党建工作的重视程度、顶层设计、战略布局达到了新的高度。随着非公有制经济的持续快速发展，非公有制企业在解决就业、科技创新、维护社会安定等方面的作用愈加凸显，加强非公有制企业党建工作机制创新已成为题中应有之意。党的十八大以来，非公有制企业党建工作机制不断创新发展，为中国式现代化提供了基层组织保障，主要呈现出以下几个特点。

2.2.1　党组织建设的多需外生动力

随着非公有制企业规模不断增大，在非公有制企业中开展党建工作已经成为基层党建工作的重要组成部分。由于非公有制企业普遍具有规模不大、人员流动快、生存周期不长等特点，非公有制企业大多缺乏自觉开展党建工作的意识，党建氛围和基础相对比较薄弱。为此，要加强在非公有制企业中开展党建工作的意识，必须从外部去寻求强有力的党建支撑，包括党员联络服务站、党建工作站以及党建工作指导员等，通过党建的外生动力加强党建工作。

2.2.2 党组织设置较为灵活多样

非公有制企业党组织在设置上，根据各级党组织的实际需要，进行分层分类运作，坚持因地制宜、因企制宜、因类制宜的原则，分析地域特点、行业特点、经济规律、党员人数以及产业分布等众多因素，充分考虑非公有制企业党员的聚集状况，建立党支部。凡是满足三人及以上党员的非公有制企业均可单独建立党支部；暂不具备党员人数条件的非公有制企业，可按照“区域化、产业化、方便化”的原则，建立联合党支部；没有党员的非公有制企业，可以依托企业工会等组织开展党建工作。在党组织组建模式上，可以采用独立、联合、重组、挂靠以及派入等形式开展党建工作。在党组织关系上，还可按照属地、属条、属资、属业等多种方式进行管理。

2.2.3 党组织拥有的资源相对薄弱

就非公有制企业的性质而言，它属于非公所有，即我们党政机关与大部分非公有制企业的资产、行政隶属、干部人事等没有必然联系。党的二十大新修订的《中国共产党章程》对非公有制企业和国有企业所做的要求也是不一样的，非公有制企业党组织的职责是“贯彻党的方针政策，引导和监督企业遵守国家的法律法规，领导工会、共青团等群团组织，团结凝聚职工群众”。可以说，非公有制企业党组织就是在促进非公有制企业健康发展上发挥作用，由于非公有制企业是体制外的单位，虽然是基层组织的重要组成部分，但是所掌握、支配以及能动的资源与体制内的企业是不能相提并论的，党建工作难免会出现这样或那样的困难，单凭非公有制企业党组织自身是难以协调和解决的。

2.3　党建引领非公有制企业的三重逻辑

党的十八大以来，习近平总书记高度重视非公有制经济的发展，多次重申要“始终把民营企业和民营企业家当作自己人，在民营企业遇到困难的时候给予支持，在民营企业遇到困惑的时候给予指导”①。因此，把民营企业和民营企业家当作“自己人”，蕴含着丰富的历史、理论及实践三重逻辑，历史逻辑体现在回答了“什么是民营企业”“怎样发展民营企业”“民营企业实现怎样发展”等重大理论问题与实践问题，理论逻辑体现在党的理论创新是民营企业发展的动力源泉，实践逻辑体现在把握社会主义市场经济规律基础上的实践过程。

2.3.1　从小和弱、到大和强：“自己人”的历史逻辑

始终把民营企业和民营企业家当作“自己人”，就是立足于深厚的历史土壤之中，始终沿着中国特色社会主义的正确方向发展，体现在回答“什么是民营企业”“怎样发展民营企业”“民营企业实现怎样发展”等重大理论问题与实践问题。历史逻辑是马克思主义研究问题的一个重要视角，研究一个问题或者某种现象都要看其在历史上是怎样产生、怎样发展以及经历了哪些主要阶段，并根据这种历史脉络去研究这一事物现在

---

① 习近平在看望参加政协会议的民建工商联界委员时的讲话［N］.新华社，2023-03-07.

的状态。习近平总书记指出:“40年来,我国民营经济从小到大、从弱到强,不断发展壮大。”可以说,我国民营经济已经成为推动我国经济社会发展不可或缺的重要力量,在创业就业、技术创新、国家税收等方面发挥着重要的作用。新中国成立初期,面对西方国家的政治敌视、经济封锁、军事挑衅以及国民党留下的千疮百孔的烂摊子,为了实现国民经济的快速恢复,提出了“公私兼顾、劳资两利、城乡互助、内外交流”的总路线,对“什么是民营企业”进行了初步的理论和实践探索;社会主义改造时期,我国在进行所有制改革的过程中,全行业的公私合营达到99%,民营经济逐渐退出了历史舞台,所有制改革为我国建设社会主义国家打下了经济基础。改革开放以后,在破解姓“社”姓“资”问题的争论中回答了“怎样发展民营企业”的理论和实践问题,特别是1992—2001年十年的时间里,民营企业数量和规模实现阶梯式增长,年均增长33%。中国特色社会主义进入新时代,民营经济呈现出“五六七八九”的特征,2022年世界500强企业中,有30家来自我国民营企业,而且先进制造业和新型能源企业占比持续升高,民营企业成为了我国新一轮科技革命和产业变革的主要引领者,进而回答了“民营企业实现什么样发展”的理论和实践问题。

2.3.2 从必要和有益补充、到重要组成部分:“自己人”的理论逻辑

始终把民营企业和民营企业家当作“自己人”,体现在党的理论创新是民营经济发展的动力源泉。习近平总书记指出:“要引导民营企业和民营企业家正确理解党中央方针政策,增强信心、轻装上阵、大胆发展,实现民营经济健康发展、高质量发展。”可以说,党中央的方针政策推动了民营经济的发展,同时也给民营企业和民营企业家吃下了定心丸、使其安

心谋发展。马克思指出:“理论在一个国家实现的程度，总是取决于理论满足这个国家的需要的程度。”以党的十一届三中全会为标志，民营经济从几乎为零发展成为公有制经济的必要和有益补充，特别是邓小平同志南方谈话发表后，“三个有利于”标准指引着我国所有制结构从公私“二元对立”到“二元并存”的转变，公私对立观的破除使民营企业的发展犹如雨后春笋，也实现了对科学社会主义理论的重大创新以及对马克思主义关于生产力标准的进一步解读。在党的十五大上，全面总结了20年来我国在所有制结构问题上的经验教训，明确提出“非公有制经济是我国社会主义市场经济的重要组成部分”，为公私“二元融合”发展、社会主义基本制度与市场经济有机结合提供了政策的支撑。而党的十八大以后，国内外不确定难预料因素显著增多，特别是以美国为首的西方国家对我国实施全方位围堵和无底线遏制打压，给民营企业发展带来了前所未有的冲击，也给我国经济和市场预期带来了严峻的挑战。面对如此深刻复杂的环境，党中央再次强调“两个毫不动摇”“三个没有变”“两个健康”的一以贯之，强化已出台政策的督促落实，重点推动促进民营经济发展壮大、产权保护、弘扬企业家精神等政策落实落细；地方政府也积极出台了支持民营经济发展的相关政策，比如海南省就率先出台《关于支持民营经济发展的若干措施》，为民营企业和民营企业家深度融入海南自由贸易港建设发挥社会主义市场经济在资源配置中的决定性作用，在营造公平公正法治环境等方面为其保驾护航。

2.3.3　从全面小康、到建设现代化国家:“自己人”的实践逻辑

始终把民营企业和民营企业家当作“自己人”，体现在把握中国特色社会主义市场经济规律基础上的实践过程。可以说，实践逻辑是对理论逻

辑的反映和理解，是在不同时期背景下内涵和特点的具体化表现。习近平总书记指出：“长期以来，广大民营企业家以敢为人先的创新意识、锲而不舍的奋斗精神，组织带领千百万劳动者奋发努力、艰苦创业、不断创新。”新中国成立70多年来，尤其是改革开放以来，民营企业和民营企业家在中国特色社会主义市场经济的探索和深入实践中积极参与、积极作为，成为如期实现全面建成小康社会的重要力量。比如：在脱贫攻坚的号召下，民营企业创新“万企帮万村”帮扶模式，开展了包村推进、一企帮多村和多企帮一村的精准扶贫实践工作，在提高农业生产效率、降低了企业采购成本等方面不断探索，深入推进了供给侧结构性改革；民营企业在推动共建“一带一路”高质量发展的实践中，发挥着资源能源利用开发、基础设施互联互通和经贸产业区等方面的优势，激发了市场的活力，增强了我国在国际贸易中的地位和作用。2022年数据显示：民营经济已经成为乡村振兴战略、区域协调战略以及参与防范化解重大风险攻坚战等国家重大战略的主要参与者，国内500强企业中作为主要参与者占到80%。实践证明，民营企业和民营企业家只能壮大、不能弱化，在全面建设社会主义现代化国家的新征程中，成为我国市场经济改革和更高水平对外开放的生力军。

第 3 章
非公有制企业党建工作的理论与实践

新中国成立70年以来，非公有制企业在社会主义建设中经历了快速发展历程，特别是改革开放40多年以来，在社会主义市场经济的推动下，非公有制企业在国家政治、经济和社会的发展中发挥着重要的作用。由于非公有制企业作用的日益凸显，加强非公有制企业党建工作，对于进一步提升党组织在企业中的战斗堡垒、发挥在企业中的政治核心和发挥在企业中的政治引领作用有着重要的实践意义。可以说，实践发展要求使得加强非公有制企业党建工作变得愈加重要，党建工作的加强离不开机制作用的发挥，科学理论是实现非公有制企业党建工作机制创新的前提和基础。要继承和发展党在实践过程中形成的科学理论，就要对党的科学理论进行深入的探讨和研究，进而指导非公有制企业党建机制创新工作。一是深入研究马克思主义经典作家企业党建思想；二是坚持继承和发展中国特色社会主义理论体系；三是以习近平新时代中国特色社会主义思想指导非公有制企业党建工作创新。在新时代，我们只有不断坚持和发展党的科学理论体系，才能实现非公有制企业党建工作机制的创新。

3.1　马克思主义经典作家企业党建理论

马克思主义经典作家党建理论的产生是为马克思主义政党而服务的，其中关于企业党建理论的重要论述是马克思主义经典作家党建理论的重要组成部分。随着非公有制企业在我国经济社会发展中的地位不断凸显，深入研究马克思主义经典作家企业的党建理论，将有助于推动马克思主义经典作家企业党建理论引导非公有制企业党组织实践与发展，对于指导非公有制企业党建工作机制创新具有重要的现实指导意义。

3.1.1 理论只要说服人，就能掌握群众

提升党员的理论素养，最根本的是把党的先进思想融入社会实践，通过社会实践让广大党员干部得以应用。共产党在建党之初，就是为了广大的无产阶级的利益而创建的政党，是为了工人阶级免受资产阶级的压迫，在争取政治权利的革命运动中一步步发展壮大的，它与世界上其他政党相比最突出的特点就是运用先进的思想理论来指导社会实践。1843年，共产党的创始人马克思在《〈黑格尔法哲学批判〉导言》中写道："批判的武器当然不能代替武器的批判，物质力量只能用物质力量来摧毁；但是理论一经掌握群众，也会变成物质的力量。"同时马克思还认为"理论只要说服人，就能掌握群众；而理论只要彻底，就能说服人"①。列宁指出："没有思想上的统一，组织统一是没有意义的；这样的组织统一我们从来没有寻求过，而且也不可能去寻求。我们不应该忘记，没有共同的思想基础，根本谈不上思想统一的问题。"②因此，理论思想一旦被无产阶级所掌握，就如列宁称赞马克思恩格斯所做的贡献"社会主义同工人运动结合起来"③，就可以指导社会实践，发挥思想理论建设的核心作用，成为党的建设的中心工作，影响着党的其他建设工作的方方面面，从而保证了共产党自身和事业的发展。

3.1.2 党支部的政治功能及相关制度建设

党支部是党的组织工作最基本的单元，是党建工作的基础组织力量。加强党支部建设，有助于提升基层党组织的组织力，发挥党支部战斗堡垒作用。马克思恩格斯对党支部的建设与发展进行了艰辛的探索，提出了始

① 马克斯恩格斯选集第1卷［M］.北京：人民出版社，1995：9.
② 列宁全集第5卷［M］.北京：人民出版社，1986：247-248.
③ 列宁全集第4卷［M］.北京：人民出版社，1986：213.

终依靠工人阶级建党的基本原则。马克思和恩格斯认为：“应该使自己的每一个支部都变成工人协会的中心和核心。”[①]列宁提出：“我们的工作首先和主要是针对城市工厂工人的。俄国社会民主党不应分散自己的力量，而应当集中力量在工业无产阶级中间进行活动，因为工业无产阶级最能接受社会主义思想，在智力上和政治上最发展，并且按其数量以及在国内巨大政治中心的集中程度来说，又是最重要的。因此，在城市工厂工人中间建立坚固的革命组织，是社会民主党首要的迫切任务，现在放弃这个任务是极不恰当的。”[②]体现了经典作家无不重视在工人阶级群体中建立党组织。他们对党员的发展标准也有要求，马克思和恩格斯要求：“每一个支部应对接受的会员的品质纯洁负责。”[③]列宁也十分重视党员的质量，提出：“把党员的称号和作用提高，提高，再提高。”[④]同时要求党组织对“徒有其名的党员，就是白给，我们也不要”[⑤]。对于党组织的设置更是细化，列宁提出：“列为社会民主工党积极部分的，决不单是革命家组织，还有许多被承认为党组织的工人组织。”[⑥]同时“所有的小组和分委员会等，都应当是委员会的附属机构或分部”[⑦]。

3.1.3　统一战线思想使“全世界无产者，联合起来”

统一战线思想是马克思主义政党团结一切可以团结的力量，为了完成自己的历史使命，而结成的政治联盟。马克思和恩格斯在指导欧洲工人阶级实践的过程中产生了统一战线思想，出发点是以欧洲工人阶级的团结统

① 马克思恩格斯选集第1卷［M］. 北京：人民出版社，1995：369.
② 列宁选集第1卷［M］. 北京：人民出版社，1995：141–142.
③ 马克思恩格斯选集第2卷［M］. 北京：人民出版社，1995：612.
④ 列宁全集第7卷［M］. 北京：人民出版社，1987：272.
⑤ 列宁选集第4卷［M］. 北京：人民出版社，1995：51.
⑥ 列宁全集第7卷［M］. 北京：人民出版社，1987：473.
⑦ 列宁全集第7卷［M］. 北京：人民出版社，1987：13.

一以及能够团结不同政治派别的工人为目的，同时也包括各国工人阶级的联合。《共产党宣言》中的最后一句话“全世界无产者，联合起来”，为世界无产阶级发展和壮大指明了方向。恩格斯曾说：“既然各国工人的生活水平是相同的，既然他们的利益是相同的，那么他们就应当共同战斗，就应当以各国工人的兄弟联盟来对抗各国资产者的兄弟联盟。”①马克思在总结1848年革命的经验教训指出：“在革命进程中，农民、小资产者、整个中间等级将逐渐向无产阶级靠拢，团结在作为决定性革命力量的无产阶级周围。”②列宁和斯大林创制了“统一战线”一词，并结合自己国家的实际而发展。列宁提出：“工人统一战线就是一切愿意同资本主义作斗争的工人的统一战线。”③斯大林则认为：“在孟什维克和社会革命党人中有些人是愿意同反革命做斗争的（在社会革命党人中有卡姆科夫派，在孟什维克中有马尔托夫派），我们准备在革命统一战线中同他们联合起来。”④可以看出，实施统一战线的策略是为了无产阶级取得革命胜利而结成的牢固联盟。

3.1.4 把资本主义制度所创造的一切积极成果用到公社中来

马克思和恩格斯以辩证唯物主义的观点、方法和立场来看待资本主义社会制度，他们从历史的角度科学地论述了资本主义制度带来的进步以及暂时的进步，并明确地指出了社会主义公有制必将取代资本主义私有制。马克思和恩格斯指出：“资产阶级在它的不到一百年的阶级统治中所创造的生产力，比过去一切时代创造的全部生产力还要多，还要大。”⑤马克思

① 马克思恩格斯选集第1卷［M］.北京：人民出版社，2012：315-316.

② 马克思恩格斯选集第1卷［M］.北京：人民出版社，2012：530.

③ 列宁.十二月提纲［M］.北京：中央编译出版社，2011：310.

④ 斯大林全集第3卷［M］.北京：人民出版社，1995：114.

⑤ 马克思恩格斯全集第1卷［M］.北京：人民出版社，1995：272.

还指出："资本来到世间，从头到脚，每个毛孔都滴着血和肮脏的东西。"①他们对待资本主义私有制取得的历史进步性和历史的暂时性是明确的，同时认为资产阶级"在最下流、最龌龊、最卑鄙和最可恶的贪欲的驱使下"掠夺农民土地、榨取工人的剩余价值，最终实现殖民的扩张。但是，恩格斯指出："能不能一下子就把私有制废除呢？不，不能，正像不能一下子就把现有的生产力扩大到为实行财产公有制所必要的程度一样。"当一个阶级被消灭时，它需要经历一个长期的渐进过程，或者说需要一个相当长的"过渡时期"，这个时候只能通过改造社会，利用现有条件发展生产力。列宁则认为："试图完全禁止、堵塞一切私人的非国营的交换发展。……一个政党要试行这样的政策，那它就是在干蠢事，就是自杀。"②为此，在社会主义国家的基础上，以商品交换或者以货币为媒介的私人商品，都应给予私人商业以充分的交易自由。列宁还指出："必须取得资本主义遗留下来的全部文化，用它来建设社会主义。唯有掌握了文明的、技术先进的、进步的资本主义的全部经验，使用一切有这种经验的人，才能坚持得住。"③可以说，充分利用资本主义的科学技术成果发展社会主义，为社会主义国家在经济领域探索出系列的新职能，引导商业发展为社会主义经济服务。

3.2　新中国成立以后党对非公有制企业的理论政策

新中国成立70多年来，非公有制经济在全面建成小康社会、进而全

① 马克思资本论第1卷［M］.北京：人民出版社，2004：871.

② 列宁全集第42卷［M］.北京：人民出版社，1986：210.

③ 列宁全集第38卷［M］.北京：人民出版社，1986：241.

面建设社会主义现代化国家的新征程中发挥着重要的作用。在各个不同的历史时期，始终承担着历史赋予的使命。

3.2.1 互助交流阶段（1949—1956年）

新中国成立以后，由于受到常年战争和国民政府统治的影响，国内物价剧烈膨胀，市场秩序混乱，中国共产党从国民党政府手里接过来一个千疮百孔的烂摊子，同时还面临着西方国家的政治敌视、经济封锁和军事挑衅。此时，党和政府首要任务就是快速恢复国民经济，保证人民正常的生产生活。为此，党和政府开始对国民经济的快速恢复进行战略的部署，提出了“公私兼顾、劳资两利、城乡互助、内外交流”的总路线。1950年12月国家颁发了《私营企业管理条例》，极大促进了国民经济的快速恢复，同时也推动了非公有制企业的快速发展。1950年下半年，上海、北京、天津等10个大城市非公有制企业达32674家，是该年第二季度开业户的5.5倍①。1951年，非公有制企业所赚利润超过了国民党统治下22年中的任何一年，也是中国近代非公有制企业史上前所未有的“高速增长期”。

3.2.2 改造过渡阶段（1957—1977年）

新中国初期，毛泽东在谈到我国工业情况时说：“现在的我们能造什么？能造桌子椅子，能造茶碗茶壶，能种粮食，还能磨面粉，还能造纸，但是，一辆汽车、一架飞机、一辆坦克、一辆拖拉机都不能造。”②由于政策、方法得当，经过三年的努力，到1952年我国国民经济得以恢复，经济、政治和社会面貌发生了巨大的变化。面对大好的经济形势，1952年9

① 萧栋梁.建国以来我国非公有制经济政策的变迁与思考［J］.求索，2000（6）.

② 毛泽东文集第6卷［M］.北京：人民出版社，1991：329.

月，毛泽东提出要用10年到15年时间基本上完成向社会主义过渡，而不是10年以后才开始过渡。同年12月过渡时期总路线和总任务有了完整的表述："从中华人民共和国成立，到社会主义改造基本完成，这是一个过渡时期。党在这个过渡时期的总路线和总任务，是要在一个相当长的时期内，逐步实现国家的社会主义工业化，并逐步实现国家对农业、对手工业和对资本主义工商业的社会主义改造。"[①]并提出采取从低级到高级的国家资本主义的过渡形式，在人民政府管理之下，用各种形式和国营社会主义经济联系着的，并受工人监督的资本主义经济。"因此，这种新式国家资本主义经济是带着很大的社会主义性质的，是对工人和国家有利的。"[②]

毛泽东指出："手工业中许多好东西，不要搞掉了。"[③]陈云在党的八大报告上正式提出："三个主体、三个补充"的社会主义经济模式，如果"把它们搞掉了，对人民对国家都是不利的"[④]。1957年刘少奇在湖南考察时说："我们有个迷信思想：'我是社会主义，就比私人资本主义先进'。这种迷信思想要不得，一定要去掉，实际上现在某些方面社会主义比私人资本主义落后。"[⑤]在此基础上，还提出了一种特殊的资本主义经济，即"新式的国家资本主义经济"的政策。在这些利好政策的指引下，非公有制经济在一定时期内得到了快速的发展。

3.2.3　快速发展阶段（1978—2012年）

1978年12月，党的十一届三中全会召开，党中央决定将全党的工

① 毛泽东文集第6卷［M］.北京：人民出版社，1991：316.

② 毛泽东文集第6卷［M］.北京：人民出版社，1991：282.

③ 薄一波.若干重大决策与事件的回顾（上卷）［M］.北京：中共中央党校出版社，1991：213-215.

④ 陈云文选第2卷［M］.北京：人民出版社，1995：294.

⑤ 刘少奇.论新中国经济建设［M］.北京：中央文献出版社，1993：322.

作中心转移到社会主义现代建设上来，推行改革开放的政策。邓小平提出："私营经济一定程度的发展，有利于促进生产，活跃市场，扩大就业，更好地满足人民多方面的生活需求，是公有制经济必要的和有益的补充。"[①]1979年7月，中共中央、国务院批准在广东省的深圳、珠海、汕头三市和福建省的厦门市在对外经济活动中实行"特殊政策、灵活措施"，并将以上城市列为出口特区。1979年9月29日，叶剑英在国庆30周年的讲话中指出："目前在有限范围内继续存在的城乡劳动者的个体经济，是社会主义公有制经济的附属和补充。"[②]在国家政策引导下，1980年一年的时间里，从事非公有制企业的人数达到了82万，比1979年翻了一番还多。1981年6月，党的十一届六中全会通过了《关于建国以来党的若干历史问题的决议》，第一次明确指出："一定范围的劳动者个体经济是公有制经济的必要补充"。1981年10月，中共中央、国务院出台了《广开就业门路、搞活经济、解决城镇就业问题的若干决定》，提出了"引导、鼓励、促进、扶持"的八字方针，允许非公有制企业请2—5个学徒，在以社会主义公有制为主体的前提下允许多种经济形式和多种经营方式长期保存，是我党的一项战略任务，绝不是一种权宜之计。1984年党的十二届三中全会通过《中共中央关于经济体制改革的决定》，提出"我国现在的个体经济是和社会主义公有制相联系的、不同于和资本主义私有制相联系的个体经济，是社会主义必要的有益补充，是从属社会主义经济的。"[③]由此引发了改革开放后我国非公有制企业的第一次的发展浪潮，到1987年年底，

① 中共中央党校党建教研室.十一届三中全会以来重要文献选编［M］.北京：人民出版社，1982：211.

② 中共中央党校党建教研室.十一届三中全会以来重要文献选编［M］.北京：人民出版社，1982：586.

③ 中共中央文献研究室.中共中央关于经济体制改革的决定［M］.北京：人民出版社，1994：231.

全国有300多万个体户，私营企业22.5万户，雇工总数360万人[①]。1988年4月通过的《中华人民共和国宪法修正案》规定："国家保护私营经济的合法权利和利益。"又将非公有制企业纳入到了法律保护的对象。

1992年春，邓小平同志在南方谈话中明确地提出了"三个有利于"的标准，将"是否有利于发展社会主义社会的生产力，是否有利于增强社会主义国家的综合国力，是否有利于提高人民的生活水平"[②]作为衡量社会主义一切工作是非得失的判断标准，为大力发展非公有制经济提供了重要的理论依据，也为建立社会主义市场经济提供了现实的依据。党的十四大提出"在坚持公有制和按劳分配为主体、其他经济成分和分配方式为补充的基础上，建立和完善社会主义市场经济体制。"[③]这次大会为确立了社会主义市场经济体制改革的目标明确了方向。党的十四届三中全会上再次强调"在其他各种所有制的企业中，都要加强党的工作。没有党组织的，要积极创造条件建立党的组织，采取适应各自特点的工作方法和活动方式，开展党的活动。"至此，党中央在非公有制企业中开展党建工作进入了高度关注阶段。1993年5月，国家科委、体改委发布了《关于大力发展民营科技型企业若干问题的决议》，提出了促进科技型企业的技术转让、扩大出口、扩大规模等一列具体措施。

1997年9月，党的十五大提出："在中国，真要建设社会主义，不能从这样那样的国外模式出发，不能对马克思主义著作中个别论断的教条式理解和附加到马克思主义名下的某些错误论点出发。"[④]党的十五大全面总结我党20年来在所有制结构改革问题上的经验教训，并提出了重要的理

---

① 高伯文.新时期非公有制经济的理论突破与政策演变［J］.理论学习，1999（4）.

② 邓小平文选第3卷［M］.北京：人民出版社，2001：63-64.

③ 中共中央文献研究室.十四大以来重要文献选编（上）［M］.北京：人民出版社，1996：11.

④ 中共中央文献研究室.十五大以来重要文献选编（上）［M］.北京：人民出版社，2000：15.

论观点。“非公有制经济是我国社会主义市场经济的重要组成部分”[①]，是对马克思主义所有制理论的新建树，也是关于非公有制经济作为社会主义市场经济“必要补充”。这一提法是社会主义市场经济理论的一个重大转变。来自国家市场监督管理局的数据显示：1992—2001年十年的时间里，非公有制企业数量和规模实现阶梯式增长，从14万户增加到244万户，年均增长33%；注册资金由221亿元增加到24756亿元，年均增长60%；投资者从30万人增长到622.8万人，年均增长49%；从业人员从232万人增到3409万人，增长近14倍；税收贡献从4亿元增加到976亿元，年均增长70%[②]。

2002年11月，党的十六大提出“必须毫不动摇地鼓励、支持和引导非公有制经济发展”等一系列的新理论和新政策。报告中强调公有制经济与非公有制经济都是不可获缺的，是不能相互替代的，同时认为它们都是中国特色社会主义事业建设的主要力量，并明确了非公有制企业人士的政治地位。党的十六届三中通过了《中共中央关于完善社会主义市场经济体制若干问题的决定》，提出“允许非公有资本进入法律法规未禁入的基础设施、公用事业及其他行业和领域”，“大力发展国有资本、集体资本和非公有资本等参股的混合所有制经济，是股份制成为公有制的主要形式”，添加了“大力”“主要实现形式”字样，这样提法的改变对以后非公有制企业涉足未禁入行业的积极性产生了很强的推动作用。2006年1月1日，实施的新《公司法》第十九条规定：“在公司中，根据中国共产党章程的规定，设立中国共产党的组织，开展党的活动。”这是新中国成立以来，第一次以法律条文的形式明确要求要把党建工作纳入企业的章程中，为非公有制企业开展党建工作提供了法律依据，也使非公有制企业开展党建工

① 中共中央文献研究室.十五大以来重要文献选编（上）[M].北京：人民出版社，2000：24.

② 中国工商行政管理年鉴（2002年）[M].北京：工商出版社，2002：78.

作有章可循。2007年10月，党的十七大报告提出：“毫不动摇地巩固和发展公有制经济，毫不动摇地鼓励、支持和引导非公有制经济发展，坚持平等保护物权，形成各种所有制经济平等竞争、相互促进新格局”。从法律上的“平等”，再到经济上的“平等”，这是对马克思主义中国化时代化理论的新发现、新贡献。党的十七大把关于非公有制企业党组织的职责、地位和作用等内容写入了党章，即“非公有制经济组织中党的基层组织，贯彻党的方针政策，引导和监督企业遵守国家的法律法规，领导工会、共青团等群众组织”。

2012年3月，我党召开了历史上第一次全国非公有制企业建设工作会。同年5月，中央办公厅下发了《关于加强和改进非公有制企业党的建设工作意见（试行）》，提出“非公有制企业党组织是党在企业中的战斗堡垒，在企业职工群众中发挥政治核心作用，在企业发展中发挥政治引领作用”，“努力推进党的组织和工作覆盖”，“加强党组织书记和党的建设工作指导员队伍建设”。至此，加强和改进非公有制企业党的建设工作，是增强党的阶级基础、扩大党的群众基础、夯实党的执政基础的需要，同时也标志着非公有制企业党的建设理论和政策取得了新的突破。

3.3　新时代党对非公有制企业的理论政策

党的十八大以来，国内外经济环境变得日趋复杂，一些不确定性因素也开始增多，例如：世界范围的贸易保护主义抬头，争端和摩擦加剧，失业率和通货膨胀率不断提高，严重阻碍了全球经济的复苏，同时也给我国经济和市场预期带来诸多不利影响。以习近平同志为核心的党中央坚持和加强党的全面领导，推动全面从严治党向基层延伸，不仅扩大了党的有效覆盖面，更在促进非公有制企业资源有效整合、巩固党的执政基础地位等方面发挥重要作用。对于非公有制企业而言，机遇和挑战同时存在，如何抓住历史赋予的新机遇与新挑战，事关“四个全面”战略布局的顺利实现，我们要以习近平新时代中国特色社会主义思想为指引，把党中央确立和制定的社会主义市场经济制度作为发展非公有制企业的根本遵循。因此，新时代进一步梳理非公有制企业党建工作思路，总结非公有制企业党建工作的模式，赋予非公有制企业党组织更多的时代价值，这是新时代加强和改进非公有制企业党建工作的必然要求。

3.3.1 新时代非公有制企业开展党建工作的时代背景

进入新时代，非公有制企业党建的发展走过了不平凡的历程，取得了历史性的进步和成绩，这是以习近平同志为核心的党中央顶层设计、高位推动发展的结果。但是非公有制企业党建工作在不断深化和加强的过程中也面临着新的挑战，针对如何有效地提高党的执政能力、加强党的基层组织先进性建设、推进全过程人民民主等问题，我们党提出了要继续加强非公有制企业党建工作机制的创新。总的来说，“党建工作抓实了就是生产力，抓好了就是凝聚力，抓细了就是竞争力”的理念在企业上下深入人心，非公有制企业党建工作机制的创新是应对新形势和新任务的需要而继续深化和加强。

（1）新时代巩固党的执政基础的迫切需要——百年未有之大变局

当今的世界格局风云变幻，我们正在经历着“百年未有之大变局”，但和平与发展仍然是时代的主题。特别是新冠疫情发生以来，世界各国经济复苏放缓，经济全球化进程遭遇前所未有的困境，习近平总书记根据这些变局的显著特征给出了深刻的判断：一方面，一些重要的科学问题和关键核心技术被交叉融合发展，正在不断地被积累，呈现出革命性突破的先兆。另一方面，随着世界多极化、经济全球化、社会信息化、文化多样化等深入发展，带来的是全球治理体系和国际秩序深度变革，使得一些新兴市场和发展中国家快速崛起，国际力量更趋于均衡化发展。在这场百年未有之大变局中，预见先机者先发力，探得变局者先谋破局之策，才能在这场变局中异军突起。当今的中华民族，已经谋划出了伟大复兴的战略布局，制定了中长期的社会发展规划，创造了中国经济长期稳定发展的奇迹，这个成绩的背后与中国共产党应对变局和完善基本制度的能力是分不开的。在全面建设社会主义现代化国家的新征程上，坚持党对一切工作的领导，加强党的领导和巩固党的执政基础，便是题中应有之义。

新科技革命、新兴产业的异军突起对世界经济产生着重要的影响，掀起了国与国之间竞争的新浪潮。中国作为世界上最大的发展中国家，经济体量世界第二、出口贸易世界第一，2022 全年 GDP 已经突破 121 万亿元，经济的发展催生了科技的革命和产业的发展，涌现出一批科技含量高、经济业态集聚的产业，其中非公有制经济所有制形式已经成为城市发展新的增长极。经济格局的新变化，既带来了机遇也带来了挑战，需要我们党从加强先进性建设这一根本理念出发，始终围绕加强党的领导和巩固党的执政基础开展。而新时代非公有制企业党建工作机制的创新，为进一步巩固党的执政基础和地位、提高党的执政水平和能力、完成党中长期目标和使命，发挥着重要的职责和作用。

（2）新时代党建工作创新方式的迫切需要——社会主要矛盾的变化

习近平总书记在党的十九大上作出了我国社会主要矛盾变化的重大判断。这一判断不仅是对中国社会前一时期发展取得成就的深刻总结，也是对我国下一阶段工作目标任务的明确。社会主要矛盾一经确定，将成为经济、文化、教育、政治和生态等方面开展工作的目标导向。可以说，社会主要矛盾变化与党面临的主要任务是紧密相连的，有什么样的社会矛盾，就会有与之相应的党的主要任务。党的十八大以来，面临的主要任务是实现全面建成小康社会，开启现代化建设新征程，实现中华民族伟大复兴的宏伟目标，主要解决的是美好生活和发展不平衡不充分之间的矛盾，此矛盾将成为推动新时代社会发展的主要动力。

主要矛盾是社会问题产生的主要根源，也是制约社会经济健康发展的主要社会关系。当前我国社会主要矛盾发生了变化，与此相应的党建工作方式和方法也要作出调整，党要及时判断出人民生活、观念等变化，判断出社会生产方式变革的方向。非公有制企业党建工作作为基层党建工作的重要组成部分，迫切需要基层党组织创新组织形式与工作方式方法，使得原有的组织架构、工作思路、评价标准等适应新时代主要矛盾的变化。因此，新时代非公有制企业党建工作机制的创新，要重点解决制度与权力架构中不相适应的内容，提升了党组织能力和工作效率，加强党员之间的学习交流与沟通，充分发挥好党员在党组织与社会的桥梁纽带作用，党组织的政治功能与服务功能更加彰显。

3.3.2 转型升级阶段（2013年至今）

2012年11月，党的十八大提出，“公有制经济和非公有制经济都是社会主义市场经济的重要组成部分，都是我国经济社会发展的重要基础”，“毫不动摇鼓励、支持、引导非公有制经济发展，保证各种所有制经济依法平等使用生产要素、公平参与市场、同等受到法律保护”[①]。可以看出党中央支持非公有制企业发展壮大的决心。党的十八大指出，“要落实党的建设工作责任制，强化农村、城市社区党组织建设，加大非公有制经济组织、社会组织党的建设工作力度，全面推进各领域基层党的建设工作，

① 胡锦涛.坚定不移沿着中国特色社会主义道路前进 为全面建成小康社会而奋斗——在中国共产党第十八次全国代表大会上的报告［M］.北京：人民出版社，2012.

扩大党组织和党的工作覆盖面，充分发挥推动发展、服务群众、凝聚人心、促进和谐作用”，“健全党的基层组织体系，加强基层党组织带头人队伍建设”，“改进对流动党员的教育、管理、服务”等要求[①]。政策的指引全面提高了非公有制企业党的建设科学化水平，特别是为非公有制企业党的基层组织建设和工作定位指明了方向。

2013年11月党的十八届三中全会召开，标志着非公有制企业发展进入了一个新的阶段。全会通过的《中共中央关于全面深化改革若干重大问题的决定》（以下简称《决定》），《决定》指出，“国家保护各种所有制经济产权和合法利益，保证各种所有制经济依法平等使用生产要素、公开公平公正参与市场竞争、同等受到法律保护，依法监管各种所有制经济”[②]。《决定》提出，“坚持权利平等、机会平等、规则平等，废除对非公有制经济各种形式的不合理规定”[③]。《决定》还提出，“国有资本、集体资本、非公有资本等交叉持股、相互融合的混合所有制经济，是基本经济制度的重要实现形式”，“国有资本投资项目允许非国有资本参股。允许混合所有制经济实行企业员工持股，形成资本所有者和劳动者利益共同体”[④]。至此，从马克思主义“劳动者的个人所有制”理论出发，扬弃所有权（资本）对劳动的异化功能来看，就是将所有权购买劳动力、支付劳动力价格转变为劳动者购买所有权、支付所有权价格，即充分发挥劳动者自己创造的劳动雇佣资本作用，为非公有制企业发展开辟了新的历史道路。

2013年8月，中央纪委、中央组织部、中央党的群众路线教育实践活动领导小组印发《关于在党的群众路线教育实践活动中开好专题民主生活会的通知》（以下简称《通知》）。《通知》指出，要充分发挥党委（党组）

---

① 胡锦涛.坚定不移沿着中国特色社会主义道路前进 为全面建成小康社会而奋斗——在中国共产党第十八次全国代表大会上的报告［M］.北京：人民出版社，2012.

②③④ 习近平.中共中央关于全面深化改革若干重大问题的决定［N］.人民网，2013-11-15.

书记的作用，切实履行第一责任人的职责，组织开好专题民主生活会。开展专题民主生活会对于非公有制企业来说，是党委（党组、党支部）成员增进团结、促进工作开展的一场生动实践，是党员一次对世界观、价值观和人生观的深入剖析。

2015年9月，中共中央印发了《中国共产党统一战线工作条例（试行）》（以下简称《条例》）。《条例》的第七章对非公有制经济领域统一战线工作提出了要求，强调要“引导非公有制经济人士爱国、敬业、创新、守法、诚信、贡献，做合格的中国特色社会主义事业建设者”。并指出，要发挥工商联在人民团体和商会组织中统战性、经济性、民间性有机统一基本特征，承担起党领导的以非公有制企业和非公有制经济人士为主体的责任。

2017年9月党的十九大召开，报告指出：“毫不动摇巩固和发展公有制经济，毫不动摇鼓励、支持、引导非公有制经济发展”[①]。把鼓励、支持、引导非公有制经济纳入建设新时代中国特色社会主义的基本方略的内容中。2017年9月，中共中央、国务院又相继发布了《关于营造企业家健康成长环境弘扬优秀企业家精神更好发挥企业家作用的意见》（以下简称《意见》），《意见》提出：当代中国优秀非公有制企业代表应该具备爱国敬业、遵纪守法、艰苦奋斗的精神，创新发展专注品质、追求卓越的精神与履行责任敢于担当服务社会的精神[②]。之后的众多非公有制企业家纷纷参与到“万企帮万村”、脱贫攻坚等国家重要发展战略，以积极作为回报社会。

2017年12月，中共中央印发了《中国共产党党务公开条例（试行）》

① 习近平.决胜全面建成小康社会 夺取新时代中国特色社会主义伟大胜利——在中国共产党第十九次全国代表大会上的报告［M］.北京：人民出版社，2017.

② 中央国务院.关于营造企业家健康成长环境弘扬优秀企业家精神更好发挥企业家作用的意见［N］.人民网，2017-09-25.

（以下简称《条例》）。《条例》要求党的基层组织应当公开七项内容，分别为学习贯彻及坚决拥护习近平同志为核心的党中央权威和决策部署，任期工作目标、阶段性工作部署、重点工作任务及落实情况，教育、培训以及制度执行的情况，党员自身建设和管理情况，联系服务党员和群众的情况，落实管党治党政治责任、廉政建设、纪律处分等情况，其他党务应该公开的情况。

2018年7月召开的全国组织工作会议上，习近平总书记强调“要探索加强新兴业态和互联网党建工作，扩大党在新兴领域的号召力和凝聚力”[①]。为继续扩大非公有制企业党组织的覆盖面指明了方向。2018年11月，中共中央印发了《中国共产党支部工作条例（试行）》（以下简称《条例》）。《条例》重点从建立党支部的重要意义、工作原则、主要内容、主要职责、新时代的新情况新问题、基本任务以及具体措施等方面进行了规定。这是党的十八大以来，以习近平同志为核心的党中央高度重视党支部建设的重要成果，是彰显马克思主义政党的鲜明特征。

然而，在一段时间以来，社会上也出现了一些关于否定、怀疑非公有制企业的不和谐声音，提出了“民营企业离场论、新公私合营论与党控制民营企业论”等言论。2018年11月1日，习近平总书记主持召开了民营企业座谈会，他强调“我国非公有制经济，是改革开放以来在党的方针政策指引下发展起来的。公有制为主体、多种所有制经济共同发展的基本经济制度，是中国特色社会主义制度的重要组成部分，也是完善社会主义市场经济体制的必然要求”，“民营企业蓬勃发展，民营企业从小到大、由弱变强，在稳定增长、促进创新、增加就业、改善民生等方面发挥了重要作用，成为推动经济社会发展的重要力量”[②]。座谈会上的讲话充分肯定我国民营企业的重要地位和作用，让所有民营企业和民营企业家吃下了定心

① 习近平．在全国组织工作会议上的讲话［N］．人民网，2018-07-04.

② 习近平．在民营企业座谈会上的讲话［N］．人民网，2018-11-01.

丸！2018年11月25日，中共中央印发《中国共产党支部工作条例（试行）》（以下简称《条例》），《条例》指出，“非公有制经济组织中的党支部，引导和监督企业严格遵守国家法律法规，团结凝聚职工群众，依法维护各方合法权益，建设企业先进文化，促进企业健康发展”。随着我国改革开放进入攻坚期、深水区，非公有制企业也开始试图尝试走国际化发展，非公有制企业国际化水平显著提高，非公有制企业境外并购数量和金额均超过国有企业。在“大众创业、万众创新”的政策鼓励下，出现了第四次创业潮，涌现出“80后”“90后”新一代企业家，开创了新的经济业态和经营模式。截至2023年5月，中国国家市场监督管理总局登记注册局数字显示：中国登记在册的个体工商户超过1.18亿户，民营企业超过5000万户，占企业总量的92%以上[①]。

2022年10月，党的二十大明确提出“加强混合所有制企业、非公有制企业党建工作”的要求。可以说，非公有制企业作为基层党建工作的重要组成部分，是我国实现社会主义现代化强国路上重要力量。2023年3月，两会期间习近平总书记在看望政协委员时再次重申：“始终把民营企业和民营企业家当作自己人，在民营企业遇到困难的时候给予支持，在民营企业遇到困惑的时候给予指导。”这一重要论述表明了我们党对民营企业和民营企业家的一贯支持和关心，他们既是新时代党长期执政和扩大群众基础必须团结和依靠的重要力量，又是坚持和发展中国特色社会主义的重要经济基础。因此，把民营企业和民营企业家当作“自己人”，蕴含着丰富的历史、理论及实践三重逻辑，历史逻辑体现在回答了“什么是民营企业”“怎样发展民营企业”“民营企业实现怎样发展”等重大理论问题与实践问题，理论逻辑体现在党的理论创新是民营经济发展的动力源泉，实践逻辑体现在把握中国特色社会主义市场经济规律基础上的实践过程。李强

① 截至5月底中国民企超5000万户 占企业总量92%以上［N］.中国新闻网，2023-06-14.

总理在十四届全国人大一次会议闭幕后的答记者问上特别提到“当年江浙等地发展个体私营经济、发展乡镇企业时所创造的‘四千’精神，即走遍千山万水、说尽千言万语、想尽千方百计、吃尽千辛万苦。”所以说，非公有制经济对于推动我国经济社会高质量发展、促进共同富裕具有重要的战略意义。

3.4　非公有制企业党建工作的实践

习近平总书记在党的二十大上提出：“加强混合所有制企业、非公有制企业党建工作，理顺行业协会、学会、商会党建工作管理体制”，为进一步做好新时代非公有制企业党建工作指明了方向。加强非公有制企业党建工作必须要科学化、规范化以及制度化，提升非公有制企业党支部书记和支部委员的党性修养、履职能力和党务工作水平，引导党员增强组织意识和纪律意识，充分发挥党员的先锋模范作用，在非公有制企业职工群众中发挥政治核心作用和发挥政治引领作用。

3.4.1　非公有制企业党建工作基本职责

非公有制企业党建工作的开展，根据《中国共产党党章》（中国共产党第二十次全国代表大会部分修改，2022年10月22日通过）的要求，需要明确非公有制企业党建工作的一般性职责。

(1) 非公有制企业党委、党支部工作职责

非公有制企业党委、党支部是党的基层组织，要贯彻党的方针政策，引导和监督企业遵守国家的法律法规，领导非公有制企业的工会、共青团

等群团组织，团结凝聚非公有制企业职工群众，维护各方的合法权益，促进企业健康发展。

（2）非公有制企业党员的义务和权利

非公有制企业党员必须履行的义务：①认真学习马克思列宁主义、毛泽东思想、邓小平理论、“三个代表”重要思想、科学发展观、习近平新时代中国特色社会主义思想，学习党的路线、方针、政策和决议，学习党的基本知识和党的历史，学习科学、文化、法律和业务知识，努力提高为人民服务的本领。②增强“四个意识”、坚定“四个自信”、做到“两个维护”，贯彻执行党的基本路线和各项方针、政策，带头参加改革开放和社会主义现代化建设，带动群众为经济发展和社会进步艰苦奋斗，在生产、工作、学习和社会生活中起先锋模范作用。③坚持党和人民的利益高于一切，个人利益服从党和人民的利益，吃苦在前，享受在后，克己奉公，多做贡献。④自觉遵守党的纪律，首先是党的政治纪律和政治规矩，模范遵守国家的法律法规，严格保守党和国家的秘密，执行党的决定，服从组织分配，积极完成党的任务。⑤维护党的团结和统一，对党忠诚老实，言行一致，坚决反对一切派别组织和小集团活动，反对阳奉阴违的两面派行为和一切阴谋诡计。⑥切实开展批评和自我批评，勇于揭露和纠正违反党的原则的言行和工作中的缺点、错误，坚决同消极腐败现象作斗争。⑦密切联系群众，向群众宣传党的主张，遇事同群众商量，及时向党反映群众的意见和要求，维护群众的正当利益。⑧发扬社会主义新风尚，带头实践社会主义核心价值观和社会主义荣辱观，提倡共产主义道德，弘扬中华民族传统美德，为了保护国家和人民的利益，在一切困难和危险的时刻挺身而出，英勇斗争，不怕牺牲。

非公有制企业党员必须履行的权利：①参加党的有关会议，阅读党的有关文件，接受党的教育和培训。②在党的会议上和党报党刊上，参加关于党的政策问题的讨论。③对党的工作提出建议和倡议。④在党的会议上有根据地批评党的任何组织和任何党员，向党负责地揭发、检举党的任何组织和任何党员违法乱纪的事实，要求处分违法乱纪的党员，要求罢免或撤换不称职的干部。⑤行使表决权、选举权，有被选举权。⑥在党组织讨论决定对党员的党纪处分或作出鉴定时，本人有权参加和进行申辩，其他党员可以为他作证和辩护。⑦对党的决议和政策如有不同意见，在坚决执行的前提下，可以声明保留，并且可以把自己的意见向党的上级组织直至中央提出。⑧向党的上级组织直至中央提出请求、申诉和控告，并要求有关组织给以负责的答复。

3.4.2　非公有制企业党建工作基本制度

非公有制企业党建工作基本制度主要包括党委（党支部）会议制度、党委（党支部）参与企业重大问题决策制度、企业文化制度、发展党员制度等方面的内容。

（1）党委（党支部）会议制度

非公有制企业党委（党支部）会议制度的目的是贯彻党的民主集中制原则，充分发挥党委（党支部）政治引领作用，主要讨论和决定的重大事项包括：①学习中共中央以及上级党组织的重要会议和文件精神；②研究制定非公有制企业贯彻执行党的方针、政策和非公有制企业的各项决策、决议的措施；③研究决定非公有制企业党建工作、精神文明建设、政治文明建设、思想政治工作和企业文化建设工作中的重大问题；④研究制定非公有制企业党建工作、精神文明建设、政治文明建设、思想政治工作和企业文化建设中长期发展规划和年度工作计划。

（2）党委（党支部）参与企业重大问题决策制度

非公有制企业党委（党支部）对关系企业改革发展稳定重大问题提出意见和建议，保证非公有制企业正确政治方向；支持非公有制企业股东、董事会、监事会以及经理层依法行使职权，实现非公有制企业高质量发展；维护国家、社会公众利益和非公有制企业职工的合法权益，促进非公有制企业和谐发展。

（3）企业文化制度

非公有制企业的先进文化是企业持续发展的精神支柱和动力源泉，是非公有制企业核心竞争力的重要组成部分，非公有制企业文化建设制度主要内容包括：①非公有制企业文化建设的指导思想；②非公有制企业文化建设的总体目标；③非公有制企业文化建设的基本内容；④非公有制企业文化建设的基本要求。

（4）发展党员制度

非公有制企业发展党员是加强企业党建工作的重要内容，应贯彻党的基本理论、基本路线、基本方略，按照优化结构、提高质量以及发挥作用的总要求，必须把政治标准放在首位，经过党的支部，坚持个别吸收的原则。具体包括对入党积极分子的确定和培养教育，对发展对象的确定和考察，对预备党员的接受、教育、考察以及转正工作。

（5）党建带工建、团建制度

非公有制企业党建带工建、团建制度是凝聚企业职工群众的重要方式，是非公有制企业职工群众的桥梁和纽带。非公有制企业以党建引领工会、共青团、妇联等组织，把职工群众紧密的团结在党的周围，进一步增强基层党组织、工会、共青团以及妇联的创造力、凝聚力和战斗力。

3.4.3 非公有制企业党建工作基本流程

做好非公有制企业党建工作，党建工作基本流程是关键，主要包括组织生活会程序、民主生活会程序、支部党员大会程序、主题党日活动程序等方面。

（1）组织生活会程序

非公有制企业组织生活会会前筹备工作：上级党组织沟通并听取意见→确定会议时间、地点以及会议内容→广泛开展谈心谈话活动→听取党内群众对党员领导干部的意见并反馈本人→准备相关会议材料→提前通知参会人员。

非公有制企业组织生活会召开会议工作：通报上次组织生活会问题整改情况→确定主题发言做好引导工作→组织党员对相关问题进行充分讨论→主持人带头开展批评与自我批评→对讨论情况进行总结→做好会议记录。

非公有制企业组织生活会会后工作：制定相应的整改措施→将会议情况转告缺席人→做好思想工作→向上级党组织报告会议情况→会议资料归档→加强督促检查落实。

（2）民主生活会程序

非公有制企业民主生活会会前筹备工作：征求有关意见和议题→确定会议时间、地点和具体内容→准备相关会议材料→将会议时间、地点以及内容通知参会人员，让其做好准备。

非公有制企业民主生活会召开会议工作：确定主题并做好引导工作→组织党员对相关问题进行充分讨论→进行批评和自我批评→对讨论情况进行总结。

非公有制企业民主生活会会后工作：将会议情况报告和会议记录报上级党组织→报送上级纪委和党委组织部门。

（3）支部党员大会程序

非公有制企业支部党员大会需要每季度召开一次，会前准备：商讨确定大会的议题、时间、地点→准备会议材料→向全体党员通知会议时间、地点。

非公有制企业支部党员大会会议召开：统计人数→宣传开始→进行表

决，形成决议→做好会议记录。

非公有制企业支部党员大会会后公示：支委会对会议记录进行整理归档→对需要公示的事项通过党务公开栏公示→未参加会议的及时通报会议结果。

（4）主题党日活动程序

非公有制企业主题党日活动需制定活动计划，即党支部要列年度工作计划，支委会要提前研究确定主题党日的具体内容。

非公有制企业主题党日的具体活动：①开展学习教育；②开展组织生活；③开展民主议事；④开展志愿活动；⑤开展关心关爱。

非公有制企业主题党日活动的记录，对党日活动情况进行梳理，总结并按要求报告上级党组织。

第 4 章 新时代非公有制企业党建机制创新的治理效能

党的十九届四中全会上提出：“把我国制度优势更好转化为国家治理效能，为实现‘两个一百年’奋斗目标、实现中华民族伟大复兴的中国梦提供有力保证。”[①]把新时代非公有制企业党建工作机制创新的成果转化为非公有制企业治理效能，有助于非公有制企业完善现代企业制度。为此，以根本遵循为核心，以关系构成为依托，以重大意义实现为目标，成为加强新时代非公有制企业党建工作机制创新治理效能的重要保障。

4.1　非公有制企业党建机制创新的根本遵循

当前，面对国内外日趋复杂的局势，只有坚持用习近平新时代中国特色社会主义思想武装头脑，按照党建工作机制创新的基本原则，落实党建工作机制创新的主要任务，就能旗帜鲜明地抓好非公有制企业党建工作，进而有效地推进新时代非公有制企业党建工作机制创新。

4.1.1　以习近平新时代中国特色社会主义思想武装头脑

非公有制企业党建工作机制创新必须以习近平新时代中国特色社会主义思想为指导，认真贯彻落实党的二十大上提出的“我们创立了习近平新时代中国特色社会主义思想，明确坚持和发展中国特色社会主义的基本方略，提出了一系列治国理政新理念新思想新战略，实现了马克思主义中国化时代的新飞跃”[②]的要义。这一重要论述，指明了习近平新时代中国特色

① 习近平.党的十九届四中全会公报［N］.人民网，2019-11-01.

② 习近平.高举中国特色社会主义伟大旗帜 为全面建设社会主义现代化国家而团结奋斗——在中国共产党第二十次全国代表大会上的报告［M］.北京：人民出版社，2022.

社会主义思想是马克思主义中国化时代化最新的理论成果，是中国特色社会主义理论体系的重要组成部分，是全党全国各族人民实现社会主义现代化强国、中华民族伟大复兴的行动指南。

习近平新时代中国特色社会主义思想开辟了马克思主义中国化时代化新境界。从“总任务”到“总体布局”再到“战略布局”，以“十个明确”体现这一思想的主要观点和基本精神，构建这一思想的“四梁八柱”；以“十四个坚持”为新时代我们党治国理政重大原则方针的高度凝练和概括，构成了新时代坚持和发展中国特色社会主义的基本方略；以“十三个方面成就”全景展示了党和国家事业取得的历史性成就、发生的历史性变革，深刻揭示了这一思想的真理力量和实践伟力；以“六个必须坚持”深刻阐述了我们党从世界观和方法论的高度推进理论创新，为继续推进党的理论创新解决了“桥和船”的问题。为此，我们必须长期坚持以习近平新时代中国特色社会主义思想武装头脑，增强“四个意识”，坚定“四个自信”，做到“两个维护”，在实践的过程中推进习近平新时代中国特色社会主义思想入脑入心，做到学、思、用贯通，知、信、行统一。实践证明，以习近平同志为核心的党中央始终坚持问题导向，对新时代坚持和发展什么样的中国特色社会主义、怎样坚持和发展中国特色社会主义，建设什么样的社会主义现代化强国、怎样建设社会主义现代化强国，建设什么样的长期执政的马克思主义政党、怎样建设长期执政的马克思主义政党等重大时代课题，作出了深邃思考和科学判断。这一系列的重大理论和实践问题的提出，攻克了许多长期没有解决的难题，办成了许多事关长远的大事要事，不断推进国家治理体系和治理能力现代化，为非公有制企业开展党建工作提供了根本遵循。

习近平总书记在民营企业座谈会上指出：“我国非公有制经济，是改革开放以来在党的方针政策指引下发展起来的。”[①]进入新时代，非公有制

① 习近平 . 在民营企业座谈会上的讲话［N］. 人民网，2018-11-01.

企业的发展壮大离不开党的政策指引，同时非公有制企业的发展也会面临着很多不确定的因素，如何才能把一支数量庞大、类型多样以及人员流动频繁的群体很好地组织起来，要从“信念过硬、政治过硬、责任过硬、能力过硬、作风过硬”上下功夫，对非公有制企业党组织教育、管理、监督以及组织每一个党员提出明确的要求，使非公有制企业的党支部成为宣传党的主张、贯彻党中央的方针及政策、监督企业合规发展、团结基层员工群众、推进企业健康发展的坚强战斗堡垒。因此，非公有制企业在坚持中国特色社会主义制度的前提下，以习近平新时代中国特色社会主义思想为指导，使每一个非公有制企业党员都能成为党组织的有生力量，把党组织与党员紧密结合在一起、形成合力，充分发挥年轻党员干部的能动作用，服务非公有制企业健康发展。

4.1.2　非公有制企业党建机制创新的基本原则

非公有制企业党支部既是党的基层组织的重要组成部分，又是党的基层组织的战斗堡垒，在非公有制企业中开展党建工作就是发挥党支部在企业中的“战斗堡垒”作用。党的十八大以来，党中央高度重视党的基层组织建设，形成大抓基层、大抓党支部的良好态势，把党建工作职责扛在肩上、抓在手里，使从严治党的要求能够落实到每一个支部以及每一名党员，成为国家治理能力和治理体系现代化的新引擎。因此，非公有制企业党建工作机制创新要坚持基本性原则和主要性原则相结合，不断扩大党组织在非公有制企业的影响力，发挥政治引领作用。

（1）坚持政治属性原则与导向性原则相结合

在非公有制企业开展党建工作要坚持政治属性原则，要搞清楚在非公有制企业开展党建工作的目地性，这是非公有制企业开展党建工作的首要原则。政治属性原则就是要发挥党组织在非公有制企业中的政治功能和政治作用，确保非公有制企业严明党的政治纪律和政治规矩，确保非公有制企业履行党的政治责任、承担的政治任务，使非公有制企业的发展融入中国特色社会主义的建设中。在此基础上，坚持导向性原则的科学化指引，在遵循客观性规律和符合非公有制企业特点的情况下，科学谋划非公有制企业党建工作的方向，激发非公有制企业党建工作活力。

（2）坚持整体性原则和因地制宜原则相结合

党的建设工作不仅包括党务工作，还包括党的政治、思想、组织、作风、纪律和制度等多项建设内容，是一项具有全方位、多角度、立体式的特点的系统性工程。对于非公共企业而言，党的建设工作的整体性把握体现在党组织在非公有制企业中的战斗堡垒，在非公有制企业员工中的政治核心作用。在具体党建工作中，不能搞一刀切或者简单粗暴的单一模式，要根据党的政策、企业的规模、特点、党员的数量、党员的流动情况等实际情况，以围绕企业生产经营而服务，因地制宜地提出开展党建工作的新思路，把党的工作嵌入企业生产经营的过程中。

（3）坚持问题导向原则和实事求是原则相结合

坚持问题导向是马克思主义发现问题、解决问题的主要方式和方法，在非公有制企业党建工作机制创新过程中，着力解决管理体制不畅、组织覆盖不全、骨干队伍不强等问题，要在坚持实事求是的基本原则，坚持党建工作创新，保持基层党组织的先进性和纯洁性基础上，注重从实际问题出发，获得实际效果，把党员群众的基本诉求作为非公有制企业党建工作机制创新的出发点，发挥好政治引领作用，提高党组织在党员群众中的影响力、凝聚力和战斗力。

4.1.3　非公有制企业党建机制创新的主要任务

习近平总书记在民营企业座谈会上强调：“支持民营企业发展，是党中央的一贯方针，这一点丝毫不会动摇。……只要我们坚持基本经济制度，落实好党和国家方针政策，民营经济就一定能够实现更大发展。”[①]在新的时代背景下，实现非公有制企业健康稳定的发展，就要把非公有制企业党建工作机制创新转化为实实在在的生产力，最关键的是要落实好新时代非公有制企业党建工作机制创新的主要任务。

（1）宣传贯彻落实好党的路线方针政策

组织非公有制企业党员深入学习马克思列宁主义、毛泽东思想和中国特色社会主义理论体系，认真学习贯彻落实习近平新时代中国特色社会主义思想，以宣传、教育、引导和监督为主要抓手，教育党员和非公有制企业员工自觉遵守国家法律规章制度，使非公有制企业在合法合规经营的同时自觉履行社会责任。

（2）团结凝聚党员群众，巩固和扩大党的执政基础

非公有制企业作为中国特色社会主义制度下的新阶层，是中国共产党执政基础的重要组成部分。而非公有制企业党组织作为中国特色社会主义制度下新阶层的桥梁，有责任巩固党在新形势下执政的“阶级基础和群众基础”，加强党与非公有制企业党员群众的联系。要发挥非公有制企业党组织政治优势，团结凝聚党员群众，只有得到党员群众拥护，执政基础才能牢固，要把思想政治工作作为密切联系群众的首要任务，主动关心并帮助党员群众解决实际困难。

（3）建设先进企业文化，不断提高非公有制企业党建工作水平

要把社会主义核心价值观融入企业文化建设中，鼓励非公有制企业提炼能展现企业文化的鲜活素材，推出一批有代表性的非公有制企业家和企业骨干，形成党建引领的社会风尚，塑造积极向上、诚信经营的非公有制企业氛围。通过对非公有制企业文化价值的挖掘，坚持以引领、带动、传

① 习近平．在民营企业座谈会上的讲话［N］．人民网，2018-11-01.

承的眼光弘扬非公有制企业文化，并将非公有制企业党建工作的实践过程作为企业文化价值的一部分进行实践经验的规律性认识，进一步运用、指导党建实践工作，提高党建工作科学化水平。

4.2 非公有制企业党建机制创新的关系构成

在全面深化改革的大背景下，非公有制企业在经济社会发展中的地位更加凸显，新形势下党建工作机制创新带来的是非公有制企业高质量的发展。因此，我们要厘清影响非公有制企业党建工作机制创新的几种关系，优化非公有制企业党建工作关系的构成，发挥几种关系构成在党建机制创新中的作用，提升基层党组织组织力，为非公有制企业健康发展构建和谐的组织关系。

4.2.1 非公有制企业党组织与企业主的关系

习近平总书记特别重视企业家精神的弘扬，在多个场合都提到要充分发挥民营企业家的作用。辨识当前中国经济的发展，离不开非公有制经济的贡献，其中企业家在企业中的核心地位是不可替代的，是一个企业的灵魂。协调好非公有制企业党组织与企业主的关系，赢得非公有制企业主的理解和支持，对于深化和激发市场活力有着重要的现实意义。

（1）坚持和完善非公有制企业党组织与企业主关系的原则

在非公有制企业开展党建工作要与促进非公有制企业健康发展有机地结合起来，始终坚持围绕发展壮大非公有制企业这个根本目标来开展党建工作，使党建工作在非公有制企业中不是流于形式，而是以服务非公有制企业高质量发展为中心，形成“两手”相互配合、“两手”都有效的局面。对非公有制企业本身而言，无论非公有制企业是什么样所有制的存在形式，都是在中国共产党领导下不断发展壮大的，就必须要遵守中国特色社会主义制度下的企业管理制度。在非公有制企业开展党建工作，既是法定义务又是组织原则，更是政治责任，丝毫不能含糊。从参与社会治理角度来看，非公有制企业发展到一定程度，所带来的不仅是经济价值，还有更多的社会责任。比如：做新媒体的非公有制企业，不能一味地蹭热度和追求点击率，而发布一些虚假信息；做搜索引擎的非公有制企业，不能以客户付的费用多少，作为搜索排位标准；等等。因此，在开展非公有制企业党建的实际工作中，必须要坚持原则和方法，对那些一时想不通的非公有制企业主，要通过说服教育、典型引导及排忧解难等方式，以情感打动人，以实际行动帮助人，争取非公有制企业主的理解、支持和配合，为党组织嵌入非公有制企业打好基础。

（2）以非公有制企业党组织与企业主关系隔膜为重点

在非公有制企业建立党组织存在着一定认识和态度上的误区，非公有制企业主会片面认为，企业自身发展壮大是依靠企业的有效管理制度，还有产品的适销对路，搞不搞党建与企业发展壮大无紧要关系。具体表现在：有的非公有制企业主担心建立党组织后，会干预企业经营的决策，扰乱企业正常的生产秩序，甚至在维护企业员工权益的时候与企业唱“对台戏”，从而削弱和制约企业对他们的管理权限；有的非公有制企业主担心党建工作会增加企业运行的成本，像一些非公有制企业党建活动不仅需要人力，还需要财力、物力的支持，如果这些投入没有得到有效的回报，或者回报率低于投入率，影响企业的经济效益，这对于追求效益、利润最大化的非公有制企业主来说是不愿意接受的；有的非公有制企业主害怕党组织建立后对企业进行监督管理，有些时候企业为了谋求生存和发展，在竞争中会采取一些不合规的手段，企业主认为在企业建立党组织是自找麻烦。另外，之所以会存在一定认识和态度上的误区，最主要的原因还是没有把党建工作与企业的发展紧密联系起来，要发挥党组织在非公有制企业发展中的“引导、凝聚、带动”等作用，实际效果的获得让企业主明白，党组织在节约企业生产成本，提高企业经济效益上发挥着重要作用。

(3) 建立完善非公有制企业党组织与企业主关系的主要方法

在非公有制企业开展党建工作需要有合理的方法，方法得当才能赢得非公有制企业主对党建工作的理解与支持。原因在于党建工作和企业的业务工作有本质上的区别，主要表现在两者的工作内容不同，工作特点也不一样以及考核评价体系不相同等，这就促使党组织在非公有制企业建立之初，就要找准组织定位，以“服务、促进、协调、监督”作为建立的出发点和落脚点，加大新闻媒介的宣传力度，通过树典型、发挥模范引领作用，使非公有制企业主在宣传企业先进党组织及优秀共产党员过程中发挥典型在企业中的示范作用，消除非公有制企业主思想顾虑和模糊的认识，鼓励有能力的非公有制企业主，积极投身光彩事业和公益慈善事业，在发展壮大自己企业的同时更好地诠释致富思源、义利兼顾的企业家精神，做一名爱国敬业、遵纪守法、回报社会的企业家。

4.2.2 非公有制企业党组织与企业的关系

党组织在非公有制企业中发挥政治引领和政治核心作用，是党组织嵌入非公有制企业治理结构中的具体表现。充分发挥非公有制企业党组织政治优势、人才优势、思想优势、制度优势等，为非公有制企业构建和谐劳动关系，助推非公有制企业健康稳定的发展。

(1) 铸造非公有制企业党组织与企业的新型关系

《中华人民共和国公司法》(以下简称《公司法》)规定：“在公司中设立中国共产党的组织，开展党的活动，公司应当为党组织的活动提供必要条件。”《公司法》的规定意味着非公有制企业的发展离不开一定的社会政治环境，它既具有一个经济属性，还具有一个政治属性，是党执政基础的重要组成部分。非公有制企业追求的是效益、利润最大化，执政党谋求的是政权的稳定和牢固，而政权的稳定和牢固一般都会依靠经济社会的发展来实现，经济社会的发展是党领导的生动体现，党领导的生动体现与非公有制企业的目标任务具有一致性。因此，非公有制企业党组织与企业是“魂”与“体”的关系，非公有制企业按照市场经济的规律运行经营，党组织则起到定神聚气的政治引领和政治核心的作用。

（2）非公有制企业党组织与企业治理主体的关系

多年来，企业治理主体一致沿用着西方现代企业制度中董事会、经理层及监事会等法人治理主体结构，党组织既没有在公司章程中体现，也没有位列其中，党组织在非公有制企业中的地位比较尴尬。在中国特色现代企业制度中，要把党组织嵌入企业管理体系中，是发挥党组织在非公有制企业中治理主体不偏移和发挥政治核心有保障的关键环节，是不断完善现代企业制度长效发展的有力支撑。在具体实践中，非公有制企业党组织要按照“四同步、四对接”的要求，完善非公有制企业治理主体的组成部分，探索建立“双向进入、交叉任职”的公司治理结构，保障党组织在非公有制企业中的法定地位，特别是对于外资企业，要及时做好沟通和解释工作，争取外资企业及股东的理解和支持。

（3）非公有制企业党组织与企业决策机构的关系

非公有制企业党组织发挥政治引领作用，在参与非公有制企业重大决策部署的过程中，通过党组织“前置程序”这一制度，确保企业重大决策部署符合党的方针政策、国家的法律法规及企业的发展实际，使党委的意见得到决策主体的重视和采纳，实现管理能力、管理水平同企业发展进度相一致，提高非公有制企业经理层抓日常生产经营活动的效率。同时，党委也要把握好自身定位，不能代替决策主体作出企业的重大决策，要根据非公有制企业发展状况，当好非公有制企业董事会、决策层的得力助手。

4.2.3 非公有制企业党组织与党员的关系

非公有制企业党组织是非公有制企业中的政治核心，是广大党员在非公有制企业中最可信赖的组织。加强非公有制企业党建工作和党员队伍建设，是发挥党组织在非公有制企业中政治核心作用的主要方式。

（1）加强党员队伍建设，增强党员队伍活力

非公有制企业员工是新时代建设社会主义现代化强国的重要力量，这批员工当中，很多来自名牌大学，受过良好的高等教育，在政治素质上和业务能力上都是值得信赖的骨干。但是有的却不是党员，有的员工也想入党，由于非公有制企业属地分给入党指标少或者没有，造成非公有制企业很难发展党员，使得想向党组织靠拢的人员因为发展党员的指标问题，最后也就不再想了。当前，非公有制企业党员数量占全体员工的比重要远低于全国党员占全国总人口的比重，如果能把这部分业务骨干吸纳为党员，对于增强非公有制企业党员队伍的生机和活力，增强党在非公有制企业中的政治引领作用，都是至关重要的。此外，还要重点从关键岗位中培养入党积极分子，壮大党员队伍，把符合条件的优秀人才吸引到党组织中来，对于那些还没有建立党组织的小微企业，要更加关注他们的成长和心声，支持和引导优秀青年积极加入党员队伍。

（2）增加非公有制企业与党员的粘合度，为企业党员提供成长的平台

对于党员来说，在非公有制企业中开展党建工作与体制内开展党建工作相比有很大的差距，因为非公有制企业党员在开展党建工作时，不像体制内的党员在开展党建工作时会得到用人单位的大力支持。在非公有制企业开展党建工作有一定的特殊性，非公有制企业党员除了自身努力外，要想把非公有制企业党建工作开展好，必须加强非公有制企业与党员的粘合

度，得到非公有制企业决策层的支持是关键。为此，非公有制企业在党组织建设中要不断探索和创新，形成一套行之有效的工作方法，比如：通过设立“党员示范岗”、举办“党员献策会”、召开“优秀党员报告会”、组建“党员志愿者队伍”等形式，鼓励非公有制企业党员发挥先锋模范作用，凸显党组织与党员在非公有制企业中政治引领价值。

（3）不断拓展非公有制企业党员队伍教育渠道、方式，起到有效的示范带动作用

党组织要正确引导非公有制企业党员“亮身份、亮职责、亮业绩”，从渠道拓展、示范带动、政治引领、选育结合等方面，不断加强非公有制企业党员队伍的教育培训。要发挥好非公有制企业党建工作站、党建指导员的作用，注重对企业业务骨干和优秀青年员工的政治培养，建立定期学习、谈心谈话、岗位锻炼等制度，使其从“瓜熟自落”变为“促其成熟”。在加强非公有制企业党员培训过程中，通过岗位练兵、技术比武等活动形式，充分调动发挥党员先锋模范带头作用，为广大员工树立“岗位建功、岗位成才”的价值观。对于政治基础好的非公有制企业来说，可以实行非公有制企业主与党组织负责人“一肩挑”制度，如果非公有制企业主不是党员，可以探索建立党组织负责人列席企业重大决策会议制度，做到企业重大决策部署党组织负责人知晓，积极推动党组织负责人进入企业管理层，提高党组织负责人经营管理的能力。

4.2.4　非公有制企业党组织与群团的关系

党的十九大上提出：“推动工会、共青团、妇联等群团组织增强政治性、先进性、群众性。”[①]群团事业是我党事业的重要组成部分，发挥非公

① 习近平.决胜全面建成小康社会 夺取新时代中国特色社会主义伟大胜利——在中国共产党第十九次全国代表大会上的报告［M］.北京：人民出版社，2017.

有制企业党组织密切联系群众的作用，通过密切联系工会、共青团、妇联等群团组织，让企业党组织成为工会、共青团、妇联等群团组织联系企业的纽带和桥梁。

一方面，坚持把非公有制企业党组织的政治核心作用与发挥工会、共青团、妇联等群团组织的作用结合起来。非公有制企业党组织是企业群团组织的政治核心，这个政治核心是不会变也不能变的，只有把这个核心坚持住，才能凝聚、带领工会、共青团、妇联等群团组织。但是我们也要客观地认识到，非公有制企业党组织与公有制企业党组织在作用发挥上是有所不同的，非公有制企业党组织更多是发挥群团组织作用，从体制内的直接领导为主转变为间接领导，通过加强企业员工的政治引领，把企业的员工团结在党的周围，发挥党组织团结广大员工、维护企业员工合法权益的作用。对于外资企业而言，要特别注意充分利用《工会法》赋予工会组织的权利，承担动员企业员工为完成党的中心任务而共同奋斗，保护企业员工的合法权益不受侵犯。

另一方面，充分发挥工会、共青团、妇联等群团组织的自身的性质和优势，为非公有制企业的发展献言献策。随着改革开放进入攻坚期、以国内大循环为主的格局基本形成，人员的流动性比以往任何时候都表现得活跃，特别是非公有制企业发展环境变数大，非公有制企业员工呈现出思想多元化等特点，群团组织在开展工作和组织活动中，即便找到非公有制企业员工的“人”，也抓不到非公有制企业员工的“心”。这种现象与群团组织提供的“形式单一、针对性不强、服务功能性差”等有着直接的关系。群团组织作为中国共产党的助手和可信赖组织，在服务非公有制企业员工时要有紧扣群众之所需的理念，要具备针对非公有制企业发展变化需求作出及时调整服务方向的工作能力。工会、共青团、妇联等群团组织要结合非公有制企业生产的特点和地区环境，对非公有制企业在生产和管理过程中存在的问题，要及时了解、跟进、解决，使“号准脉”“开好方”“治好病”成为常态，即形成党群合力，为非公有制企业主分担发展中的实际困难。

4.3　非公有制企业党建机制创新的重大意义

2012年召开的全国非公有制企业党建工作会议上指出："非公有制企业是发展社会主义市场经济的重要力量。非公有制企业的数量和作用决定了非公有制企业党建工作在整个党建工作中越来越重要，必须以更大的工作力度扎扎实实抓好。"[①]改革开放40多年来，非公有制企业在稳定增长、促进创新、增加就业、改善民生等方面发挥了重要作用，为国家和社会的发展做出了巨大的贡献，这种独特的地位和贡献决定加强非公有制企业党建工作必要性，也是新时代加强非公有制企业党建工作机制创新的题中应有之义。

4.3.1　实现党的全面领导的必然要求

2018年11月1日，习近平总书记在民营企业座谈会上强调："任何否定、怀疑、动摇我国基本经济制度的言行都不符合党和国家方针政策，都不要听、不要信！所有民营企业和民营企业家完全可以吃下定心丸、安心谋发展！"[②]党建引领是非公有制企业健康稳定发展的首要条件，是贯彻落实新时代"党领导一切"要求的具体体现。

（1）非公有制企业健康稳定发展的需要

目前，非公有制企业呈现出多元化发展趋势，开辟了一条产业资本和

① 习近平．全国非公有制企业党的建设工作会议［N］．人民网，2012-03-22.

② 习近平．在民营企业座谈会上的讲话［N］．人民网，2018-11-01.

金融资本加速融合发展的道路，产业结构不断优化升级，中国特色现代化企业制度正在建立。这些成绩的取得离不开党的领导，离不开我国社会主义基本经济制度的优越性。面对日趋复杂、竞争激烈的国际环境，非公有制企业如何能科学应对发展带来的问题，这是摆在非公有制企业面前需要解决的核心问题。而中国特色现代企业制度是非公有制企业健康稳定发展的重要制度保障，把党组织嵌入企业治理结构中，充分发挥非公有制企业党组织的独特优势，对于解决非公有制企业发展中带来的新问题和新矛盾有着指导性意义。

（2）非公有制企业可持续发展的重要保障

非公有制企业党组织在贯彻落实党的方针政策、引导监督企业、构建“亲”“清”新型政商关系和企业文化对外宣传等方面发挥着重要的作用，对非公有制企业来说，既促进了企业党建与企业业务相融合，也促进了企业在社会责任担当与企业生产经营良性循环，更有利于企业党组织在宣传企业文化价值的同时，牢记并践行社会主义核心价值观，为非公有制企业可持续发展创造新的发展机遇和动力。

（3）非公有制企业经营发展的主心骨

非公有制企业党组织有着先天的政治优势和资源优势，在非公有制企业重大决策中发挥着落实党的政策不偏差，通过党委董事会交叉任职、实行党员教育管理一体化、科技信息党建化等方式方法，增强了党组织在非公有制企业中的影响力，增强了党员群众的团队意识；在非公有制企业中激励党员群众主动性和创造性的有效发挥，当企业员工遇到困难和矛盾纠纷时，非公有制企业党组织发挥着不偏不倚，公正不阿的作用，公道正派地处理企业员工之间、企业员工与企业管理层之间的矛盾，维护企业员工的正当权益，确保非公有制企业经营的顺利开展，增强了党员群众的团队意识，形成了“党建做实就是生产力、做强就是竞争力、做细就是凝聚力”的共识。

4.3.2　巩固党的执政基础需要

2012年召开的全国非公有制企业党建工作会议上指出："民营企业搞党建不是一种形式、功利的想法，要真正拥护党的理念，做到心中有党。"①因此，及时做好非公有制企业党建工作，把党的工作嵌入非公有制经济领域，是巩固党在非公有制企业中执政基础的关键所在，也是加强补齐基层党建短板的迫切需要。

（1）非公有制经济是我国经济社会发展的重要组成部分

2023年2月21日，全国工商联发布的《中国民营企业社会责任报告（2022)》（以下简称《报告》）显示："截至2021年，全国新设民营企业852.5万户，同比增长11.7%；我国民营企业数量已经有4457.5万户，占全部企业数量的92.1%。""截至2020年年底，我国民营企业已经达到4000多万家，占全国企业90%以上。有12.7万家民营企业精准帮扶13.9万个村，产业投入1105.9亿元，公益投入168.6亿元，安置就业90多万人，带动和惠及了1800多万建档立卡的贫困人口。在抗击新冠疫情中，民营企业累计捐款172亿元，约占全社会捐款总额的60%，捐物价值119亿元。"②2021年9月公布的2021中国民营企业500强榜单中，"企业入围门槛达到235.01亿元，营业收入较2020年的202.04亿元增加了32.97亿元。"③尽管受到新冠疫情的冲击，依然折射出经济复苏良好势头。以上数据表明，非公有制企业是解决我国城镇就业的主要贡献者、新增就业岗位的主要提供者，是我国工人阶级队伍的就业主体，又是新社会阶层人士的创业就业的重要选择领域。做好这一领域的党建工作，关系到社会资源有

① 习近平. 全国非公有制企业党的建设工作会议［N］. 人民网，2012-03-22.

② 许又声. 在庆祝中国共产党成立100周年活动新闻中心举办第二场新闻发布会上［N］. 北京日报，2021-06-21.

③ 经济部. 2021中国民营企业500强发展报告［N］. 中华工商业联合，2021-09-25.

效衔接，关系到这一领域能否与我党风雨同舟共计伟大复兴。

（2）党建工作是非公有制企业发展的生产力

生产力的发展推动了生产关系的变革，生产关系又反作用于生产力。在此基础上，生产力和生产关系相互依存、相互影响。非公有制经济是推动我国社会主义市场经济高质量发展、实现第二个百年奋斗目标的重要力量，非公有制经济的发展离不开党建工作的引领，党建工作就是非公有制企业发展的生产力。非公有制企业党建工作彰显着党的政治引领作用，把从严治党、思想建党、制度建党作为非公有制企业发展的优势，凝聚了党员群众，发挥了党员群众的能动性和创造力，为企业主管理企业和推动企业发展贡献力量。

4.3.3 促进社会稳定的有效方式

2018年11月1日，习近平总书记在民营企业座谈会上强调："民营经济是我国经济制度的内在要素，民营企业和民营企业家是我们自己人。民营经济是社会主义市场经济发展的重要成果，是推动社会主义市场经济发展的重要力量，是推进供给侧结构性改革、推动高质量发展、建设现代化经济体系的重要主体，也是我们党长期执政、团结带领全国人民实现'两个一百年'奋斗目标和中华民族伟大复兴中国梦的重要力量。"①改革开放40多年以来，大量的流动人口、新社会阶层和大学毕业生等群体分布在非公有制企业，这些体制外的群体人数多、流动性强、整体素质不均衡，给社会治理带来了很大的挑战，如何加强这些群体的思想引导，构建和谐的劳动关系，解决实质问题，取得实际效果，成为非公有制企业党建工作机制创新的改革方向。

一方面，非公有制企业转型升级发展过程中带来矛盾和问题。在大

① 习近平.在民营企业座谈会上的讲话［N］.新华网，2018-11-01.

数据、人工智能化的背景下，非公有制企业参与转型升级带来机遇，同时也面临着挑战，经营效益的提升和企业文化建设的弱化，企业主与职工之间的利益平衡关系，直接影响着非公有制企业高质量发展。充分发挥非公有制企业党组织政治引领功能，有效抵制非公有制企业经营过程中的不合理的要求，满足党员群众的合理诉求，为进一步维护社会稳定发挥积极作用。另一方面，党组织是引领和保护非公有制企业健康发展的最可靠的组织。在非公有制企业中开展党建工作是非公有制企业信赖党组织和依靠党组织的具体体现，非公有制企业的发展需要党组织为其“保驾护航”，具体表现在党的纯洁性和先进性方面，引领公平正义和诚实守信的工作环境，形成了党建工作好，企业经营效益好的局面。

第5章 自贸港背景下的非公有制企业党建工作机制现状概述

习近平总书记在民营企业座谈会上强调："非公有制经济在我国经济社会发展中的地位和作用没有变，我们毫不动摇鼓励、支持、引导非公有制经济发展的方针政策没有变，我们致力于为非公有制经济发展营造良好环境和提供更多机会的方针政策没有变。"[①]鼓励、支持、引导非公有制企业健康发展，是我们党需要长期坚持的一项基本经济政策，充分发挥非公有制经济在市场资源配置中的调节作用，是实现国家治理体系和治理能力现代化的基本要求。至此，我们要把非公有制企业健康发展作为推进国家治理体系和治理能力现代化的重要实践方式，从理论和实践的结合上进行深入探讨，把党的制度优势转化为经济发展方式的转变、产业结构的优化、提升经济增长动力的指导思想，推动非公有制企业高质量发展。

党的十九届四中全会提出"坚持和完善中国特色社会主义制度、推进国家治理体系和治理能力现代化"的总要求，为进一步推动非公有制企业党建工作机制创新指明了根本方向。至此，研究和总结海南自由贸易港背景下的非公有制企业发展规模和党建发展基本现状，以现有的党建工作机制成果为依托，有助于厘清海南自由贸易港背景下的非公有制企业党建工作的具体情况和不足，为进一步研究非公有制企业党建工作机制创新提供改革方向。2023年2月，全国工商联公布的《中国民营企业社会责任报告（2022）》数据显示，截至2021年年底，我国民营企业数量已经有4457.5万户，占全部企业数量的92.1%，同比增长11.7%，进出口额19万亿元，增长26.7%，占我国外贸总额的48.6%，对外贸增长的贡献度达到了58.2%。面对国内外复杂严峻形势等诸多风险挑战，非公有制经济深入贯彻新发展理念，主动融入新发展格局，在就业、税收、生态、经济、乡村振兴等方面发挥着重要的作用，成为我国经济社会可持续发展的重要一环。

① 习近平.在民营企业座谈会上的讲话［N］.人民网，2018-11-01.

5.1 党建工作机制现状背景一：非公有制企业发展规模的基本情况

2023年3月6日，习近平总书记在看望参加全国政协十四届一次会议的民建、工商联界委员代表时强调："党中央始终坚持'两个毫不动摇'、'三个没有变'，始终把民营企业和民营企业家当作自己人。"党的十八大以来，习近平总书记始终关注和支持非公有制经济的发展，并提出了大力支持民营企业发展壮大的政策举措，为推动民营经济健康发展指明了方向，同时要求民营企业和民营企业家能够正确理解党中央的方针政策，使他们有信心、能够轻装上阵、大胆创新和发展产业，实现非公有制经济健康稳定发展、高质量发展。并且对非公有制经济发展寄予厚望，成为我们党长期执政、团结带领全国人民实现"两个一百年"奋斗目标和中华民族伟大复兴中国梦的重要力量。2023年3月13日，国务院总理李强在出席中外记者会并回答中外记者提问时强调："'两个毫不动摇'是我国基本经济制度的重要内容，是长久之策，过去没有变，以后更不会变。"李强总理在现场有感而发，想到当年江浙等地发展个体私营经济、发展乡镇企业时，创造的"四千"精神，即走遍千山万水、说尽千言万语、想尽千方百计、吃尽千辛万苦。可以说，改革开放40多年来，非公有制经济的发展和贡献显而易见，在建设中国式现代化的新征程上，时代呼唤广大民营企业家谱写新的创业史。

进入新时代，我国非公有制经济持续迅速发展，这十年间非公有制经济在国民经济中的地位不断凸显。"我国民营企业数量从2012年年底的1085.7万户增长到2022年8月的4701.1万户，10年翻两番；外资企业从44.1万户增长到66.8万户，增加51.5%。”[①]具体来看，民营企业活力更加彰显，统计数据显示：“2021年全国新设民营企业852.5万户，同比增长11.7%，每新设2.2户退出1户。2022年1—2月，民营企业进出口增长16.1%，占进出口总额的比重为48.2%。”[②]民营企业韧性更加强劲，自2020年以来，民营企业“税收贡献超过50%，投资占比超过60%，发明创新占比超过70%。”[③]民营企业发展空间更大，2019年党中央、国务院印发了《关于营造更好发展环境支持民营企业改革发展的意见》，明确指出要深化“放管服”改革，对市场准入行政审批事项进一步精简，对民营企业准入条件不再额外设置，以市场准入负面清单为基，严格按照“非禁即入”“非限即入”原则，为民营企业发展创造更加充足市场空间。

2022年9月7日，全国工商联发布了《2022中国民营企业500强榜单和调研分析报告》（以下简称《分析报告》），《分析报告》统计显示：“民营企业500强入围门槛再创新高，达263.67亿元（营业收入），比上年增加28.66亿元。制造业民营企业500强入围门槛达125.72亿元，比上年增加25.21亿元。”[④]中国民营企业500强在营业收入、科研创新、上缴纳税等方面贡献突出，《分析报告》数据显示：“‘2022中国民营企业500强’营业收入总额38.32万亿元，增长9.13%，税后净利润超百亿元的有37家，较上年增加4家；研发人员占员工总数超过3%的企业288家，超过10%的企业158家，有406家企业的关键技术主要来源于自主开发与研制，426家企业通过自筹资金完成科技成果转化；2021年民营企业500强纳税总额达1.37万亿元，占全国税收总额的7.91%。3家民营企业纳税额超过

①②③　国家市场监管总局.这十年，我国民营企业数量翻两番［N］.中国青年网，2022-03-22.

④　全国工商联.2022年民企500强公布：营收总额增近一成，纳税总额达1.37万亿［N］.央广网，2022-09-08.

500亿元。"[①]截至2023年5月，国家市场监管总局数据显示："我国登记在册的民营企业达到5092.76万户，较2012年年底增长了3.7倍，民营企业在企业中的占比由79.4%提升至92.4%。"[②]可以看出，民营企业总体发展势头依然强劲，2022年我国民营企业500强整体规模稳步提升，产业结构进一步优化调整，纳税总额稳步小幅上扬。

非公有制经济是社会主义市场经济重要的组成部分，也是海南自由贸易港打造最高水平开放形态的重要支撑力量。截至2023年6月，海南省市场主体总数314.12万家，其中非公有制经济经营主体310.85万家，占比98.96%；2023年1—5月，海南省经营主体实现税收637.69亿元，其中非公有制经济市场主体税收582.52亿元，占比91.35%。[③]自建设海南自由贸易港以来，海南省政府持续高度重视非公有制经济的发展，相继出台了一系列支持非公有制经济发展的政策措施，例如：海南省人民政府办公厅印发《关于支持民营经济发展的若干措施》指出，"对民营企业家涉案人员能不捕的不捕、能不诉的不诉、能不判实刑的不判实刑"的明确态度，为非公有制经济的发展营造公平公正的发展环境。

5.1.1 商务楼宇发展规模的基本情况

商务楼宇经济是我国城市经济发展中出现的一种新型经济形态，商务楼宇经济已经成为城市经济发展的重要组成部分，它主要以商务楼、功能性板块和区域性设施为主要载体，通过开发、出租商务楼宇来引进各种企业入

① 全国工商联.2022年民企500强公布：营收总额增近一成，纳税总额达1.37万亿［N］.央广网，2022-09-08.

② 国家市场监督管理总局.支持民营经济发展壮大政策信号密集释放［N］.央广网，2023-07-11.

③ 王子遥，王芦苇.海南自贸港非公有制经济企业大讲堂在海口举办［N］.南海网，2023-07-14.

驻，是城市拓宽城区空间、促进业务发展以及改善投资环境的重要平台，进而带动了城市的税源、区域经济的发展，呈现集约型、高密度的特点。近年来，商务楼宇经济的发展不仅依靠建筑和周边的经济环境，还需要一定的城市文化沉淀，而大力发展现代服务业就是很好的产业方向，现代服务业作为海南自由贸易港重点发展的产业，为海南商务楼宇经济发展增色不少。

在海南自由贸易港政策措施的驱动下，目前，“海南楼宇资源存量为227万平方米、潜在楼宇增量为294.8万平方米，楼宇存量与增量的总和多达521.8万平方米”[①]，海南商务楼宇经济业务量预期相当可观，海南商务楼宇经济已然迎来一个全新的局面。以海口为代表的写字楼市场的发展历程大致可分为四个阶段：行政办公楼1.0、商住两用楼2.0、中端纯写字楼3.0及智能化写字楼4.0。比如，位于大英山片区的全球贸易之窗，是海南省“百国千企”计划的首个载体，借助海南自由贸易政策的优势，建立健全国际化专业服务体系，引进更多的优质资源入驻大英山片区。数据显示：2021年上半年，“海口大英山片区8栋楼宇入驻企业纳税总额超过12亿元，5栋楼宇均已实现税收过亿”[②]。截至2021年7月，“来自35个国家和地区的474家企业入驻，楼宇出租率超过95%”[③]。海口市注重深挖区域优势，聚焦主导产业，用足用好海南自由贸易港政策措施，还涌现出了互联网金融大厦、海南大厦、国瑞大厦、华夏银行大厦4栋税收过亿元的商务楼宇，推动商务楼宇经济提档升级。

5.1.2　园区的发展规模的基本情况

海南自由贸易港背景下的园区作为产业集聚、经济组织的重要形式，

① 阿里商办海口落地 数字化赋能当地商办楼宇经济［N］.财讯动态，2023-05-20.

②③ 海口网.海口用好用足自贸港政策推动楼宇经济提档升级［N］.人民资讯，2021-08-06.

已成为中国经济社会发展的重要支撑。我国园区的形成和发展最早可追溯到1992年邓小平同志南方谈话之后，便涌现出了一大批下海经商人创办企业，园区作为非公有制企业主要聚集地得到了蓬勃的发展，呈现形式主要有经济技术开发区、高新技术开发区、自由贸易区等。在之后的30多年发展历程中，“园区经济”是地方政府构建完整的上下游产业链和活跃的科技创新链、实现经济持续高质量发展的重要举措。根据赛迪顾问园区经济研究中心发布《2022园区高质量发展百强研究报告》数据显示：“2022年百强园区中，GDP超过1000亿元的园区共有48个，以国家级经开区、国家级高新区为代表的两类园区GDP总量达到29万亿元，占全国GDP比重达25.3%。”截至2021年12月31日，有“53家入榜的国家级高新区，企业营业收入达334773亿元，占所有国家级高新区企业营业收入的78%。47家入榜的国家级经开区，实际利用外资达318亿美元，占所有国家级经开区实际利用外资总额的52%。这两类园区GDP总量达到29万亿元，占全国GDP比重达25.3%”①。园区经济已经成为区域经济的重要力量，有力地推动了我国开放型经济的发展，并促进了工业化、城镇化的进程，已经成为我国经济发展的压舱石、对外开放的稳定器、创新发展的主引擎、转型升级的风向标、区域协同的先锋队。

海南自由贸易港作为我国改革开放的新高地，其中13个重点产业园区已成为海南加快建设自由贸易港先行先试区，是海南自由贸易港政策早期安排、早期收获的重要平台。园区作为非公有制企业重要的承载地，“截至2020年6月份，全省落户园区的各类非公有制企业近2.5万家，从业人员近20万人”②。13个重点产业园区在加快建设海南自由贸易港港中

① 王登海.GDP超千亿元国家产业园达48个中国园区经济步入新赛道［N］.中国经营网，2022-08-20.

② 李磊.海南省园区非公有制企业党建工作推进会要求：以高质量党建引领园区高质量发展［N］.海南日报，2022-08-29.

发挥着重要的作用，统计数据显示："去年13个重点园区立大功，以不到全省2%的土地面积，贡献了全省15.3%GDP、20%固定资产投资、35.7%税收收入、51.9%进出口额、52.7%实际利用外资。2021年1月至11月，我省13个重点园区实现营业收入11602.96亿元，税收收入538.7亿元，完成固定资产投资857.69亿元。"①

5.1.3　商圈发展规模的基本情况

党的二十大报告明确提出，着力扩大内需，增强消费对经济发展的基础性作用和投资对优化供给结构的关键作用。随着城市化进程的进一步加快，商圈经济已经成为大学生选择这座城市的重要参考。《中国城市商圈发展报告2021》数据统计显示："我国现有大中型商圈1万多个、步行街2100多条，其中，2020年全年客流量超过5000万人次的全国示范步行街有上海南京路、重庆解放碑、西安大唐不夜城、天津金街、广州北京路、沈阳中街和杭州湖滨7条步行街，营业额超过80亿元的全国示范步行街有重庆解放碑、上海南京路、广州北京路、天津金街和杭州湖滨5条步行街。"可以说，商圈经济代表了一个城市的经济面貌，作为城市商业的重要载体和线下消费的主要场所，已经成为提升城市经济活力的重要引擎。

海南建设自由贸易港五年多以来，在发展商圈经济促进消费升级等方面交出了亮眼的"成绩单"。海南离岛免税购物等方面在全国处于前列，统计数据显示："截至2022年底，海南岛拥有12家免税店，其中海口5家、三亚4家、万宁1家、琼海1家，包括深圳免税、中免cdf、海控免税、中服免税、深圳免税、王府井免税等公司落子，海南离岛免税店经营面积由22万平方米增加到超过50万平方米。"截至2023年4月11日，海南自由贸易港离岛免税购物金额近1500亿元、购物人次达2352万人次、

① 去年11个重点园区立大功［N］. 海南日报，2022-01-31.

购物件数约2.26亿件。离岛免税产业形成的商圈经济不断发展壮大，在加快建设自由贸易港中占有举足轻重的作用，已成为海南自由贸易港建设的主打品牌。

5.1.4 文创企业发展规模的基本情况

中国文化创意产业一路高歌猛进，2012年文化创意产业增加值为18071亿元，2016年增加到30254亿元，增加值占GDP比重由3.48%提高到4.07%，增长0.6个百分点，且呈现逐年提高趋势。近年来，随着国家文化数字化战略深入实施，统计数据显示："2022年末，中国文化产业资产总计为315945亿元，比上年末增加18451亿元，增长6.2%。"[①]主要以数字化、网络化、智能化的新业态发展，已成为推动中国文化产业高质量发展的重要支撑。

2022年，海南省统计局人口（社科）处数据统计显示："我省247家规模以上文化及相关产业企业实现营业收入948.8亿元，比上年下降2.4%。"[②]但从分业态来看，"文化新业态特征较为明显的16个行业小类"[③]，"实现营业收入483.7亿元，比上年增长5.3%，快于全部规模以上文化企业7.7个百分点，占全省规上文化产业营业收入总量51.0%。"[④]近年来，海南省大力发展文化旅游产业，在2021年7月印发了关于《海南

① 中国国家统计局.2022年中国文化产业营收超16.5万亿元新业态行业占比逾三成［N］.中国新闻网，2023-06-29.

②④ 2022年全省规模以上文化及相关产业企业营业收入948.8亿元［N］.海南省统计局，2023-03-18.

③ 新业态特征明显的16个行业小类是：广播电视集成播控，互联网搜索服务，互联网其他信息服务，数字出版，其他文化艺术业，动漫、游戏数字内容服务，互联网游戏服务，多媒体、游戏动漫和数字出版软件开发，增值电信文化服务，其他文化数字内容服务，互联网广告服务，互联网文化娱乐平台，版权和文化软件服务，娱乐用智能无人飞行器制造，可穿戴智能文化设备制造，其他智能文化消费设备制造。

省“十四五”旅游文化广电体育发展规划》，提出要促进海南省文创产业与旅游产业等融合发展，并重点建设7个省级文化旅游产业园区，比如海口观澜湖旅游园区、三亚海棠湾国家海岸休闲园区、三亚凤凰岛邮轮旅游产业园、陵水黎安旅游教育文化产业园等，形成互为补充的载体格局。

5.1.5 “小个专”发展规模的基本情况

小微企业、个体工商户、专业市场（以下简称“小个专”）作为非公有制经济的重要组成部分，“全国小微企业总数超过4400万户，个体工商户超过9500万户”①，已占我国全部市场主体的95%以上，就业群体遍布城乡、数量巨大、构成多样，既有农民工、工人、个体户，也有企业家、管理者、科技人才，还有归国人员、自由职业者、年轻的“创客”等，这类群体思想活跃、多元，诉求不同。“小个专”是我国超1.5亿户市场主体的重要组成部分，市场监管总局统计数据显示：2021年1—4月，“全国新设个体工商户605.9万户，同比增长55.2%，新设个体工商户数高于2018年和2019年同期。新办纳税事项个体工商户187.5万户，同比增长70.8%，个体工商户户均带动就业2—3人”②。《全国小型微型企业发展报告》统计数据显示：“我国劳动力人口超过8亿人，全国的小微企业解决了我国1.5亿人口的就业问题，新增就业和再就业的70%以上集中在小微企业。”

海南省为加快“小个专”纾困政策落地见效，有效服务海南自由贸易港这个大局，海南省市场监管局出台《关于促进个体私营经济高质量发展的十五条措施》，以助力个体、私营企业经济高质量发展。数据显示：“截至2022年4月份，海南全省共有个体工商户和私营企业176.9万户，占全

①② 李刚等.全国市场监管系统开展“小个专”党建工作的理论总结（一）[N].中国质量报，2021-06-28.

省市场主体的95.7%，在稳定增长、促进创新、增加就业、改善民生等方面发挥重要作用。”①

5.2 党建工作机制现状背景二：非公有制企业党建发展基本情况

在党的二十大报告上习近平总书记强调：“加强混合所有制企业、非公有制企业党建工作，理顺行业协会、学会、商会党建工作管理体制。”党的十八大以来，党中央高度重视非公有制企业党建工作，习近平总书记多次作出重要指示批示，深入非公有制企业开展调研指导，主持召开民营企业座谈会，为非公有制经济的发展和非公有制经济的党建工作指明了方向、增强了信心，为加强非公有制企业党建工作提供了根本的遵循。近年来，中央组织部会同市场监管总局、全国工商联等部门，持续推动各地建立健全非公有制企业党建体制机制，构建各级党委统一领导、组织部门（“两新”工委）统筹指导、行业管理部门纵向推动、园区商圈等聚集区横向拓展、街道社区兜底管理的工作体系。具体来说，就是突出重点区域的党建工作，强化园区、商圈、商务楼宇等统筹；紧盯新兴业态领域，突出抓好互联网党建，规范“小个专”党建，探索快递物流业党建。至此，党对非公有制经济领域的领导不断加强，在重点企业、重点区域领域的党组织和工作实现全覆盖，有效地发挥了党组织在非公有制企业中团结凝聚职工群众的引领作用，使非公有制经济领域的阶级基础、群众基础不断厚

① 蒙健.海南出台十五条措施 助力个体、私营企业经济高质量发展［N］.北京青年报，2022-06-01.

植，“党建工作抓实了就是生产力，抓好了就是凝聚力，抓细了就是竞争力”的理念不断深入人心。

海南省自建设自由贸易港以来，非公有制经济的发展进入了快车道。海南省委高度重视党建工作，坚持以高质量党建引领自由贸易港建设，提升基层党组织的组织力，创新了基层党建体制机制，把党建引领自由贸易港建设作为“一号工程”“置顶工作”。近年来，海南省委出台了《关于坚持以党建引领海南自由贸易港建设的意见》，海南省委非公有制经济组织和社会组织工作委员会定期发布相关工作要点，海南省非公有制经济党建工作取得了新成效，党员干部践行初心使命的意识和责任进一步增强，党建引领非公有制经济的制度体系进一步完善，非公有制企业党组织政治功能、组织功能进一步提升。海南省两新组织党建工作会议上公布显示：截至2021年年底，海南省在商务楼宇、物业小区、快递行业等新兴领域建立党组织284个，其中，各类建立园区党组织418个，打造党群服务中心15个，推动成立党建联盟15个，覆盖各类企业党组织190个，初步形成“园区党工委—非公有制企业党委—基层党组织”党建工作体系。

5.2.1　商务楼宇党建发展基本情况

商务楼宇党建是中国特色社会主义独创的一种新的党建工作形式，它伴随着我国城市化进程的推进而发挥着重要的作用。近年来，随着我国城市化进程的不断推进，越来越多的党员走进了商务楼宇创业、安家，把商务楼宇作为“竖起来的园区”，打造开放共享的党建工作新思路。同时，中央组织部高度重视商务楼宇党建工作，于2017年在上海召开了全国城市基层党建工作经验交流座谈会，提出要在北京、上海、广州、深圳、南京以及杭州等地推广把“支部建在楼上”，构建商务楼宇“大党建”格局。

海南自建设自由贸易港以来，积极发展总部经济，商务厅出台了《海南省促进总部经济发展管理办法》，其中关于总部涉及5大类型，即跨国、大企业、综合、功能以及成长等。总部经济注册地和办公地多以楼宇为依托，大大地促进了海南商务楼宇经济及党建的发展。坚持立足楼宇抓党建，开展一楼一排查、建立一企一档案，实施把党员培养成骨干、把骨干培养成党员“双培工程”等，全面摸清商务楼宇楼层、入驻企业、党组织和党员基本情况，全力推动党的组织和工作同步覆盖。以海口市为例，在海口全球贸易之窗30层的党建展厅上，充分发挥“商务楼宇+党建”的优势引领作用，凭借自身高科技硬件平台、多功能展示空间、多样化展示形式，探索“支部建在楼上”区域化党建新模式，提升党建服务水平。

案例一

深化商务楼宇党建　助力城市发展

三亚市中铁置业广场党群服务中心

一、基本情况

中铁置业广场是全市第一家甲级标准写字楼，2013年正式投入使用，入驻企业和商家共70余家。2018年，在三亚市委组织部的指导下，中铁置业广场党支部正式成立；2019年，中铁置业广场从党支部升格为党委，下辖党组织8个，党员108名，中铁置业广场党群服务中心正式投入使用。中铁置业广场党支部成立以来，始终坚持围绕“党建、治理、服务”为职能定位，推动党建和企业中心工作深度融合，实现楼宇党建与楼宇经济同频共振。

二、主要做法

（一）科学规划，建好党群“大本营”。

各行各业的企业聚集，企业产权形式的多元化，让中铁置业广场成为全市商务楼宇经济最活跃的区域之一。在区委的精心部署下，有效推动“两个覆盖”工作落实。一是重管理。每半年对楼宇党组织、党员数量进行系统摸底，及时掌握情况，将党员关系接转、发展党员等党务工作落实到楼宇，引导党员亮明身份，让流动党员找到了家。二是建阵地。按照基层党组织建设标准，搭建“服务型”党群阵地，成为提供党员政治生活、职工读书学习、妇女儿童娱乐培训的场所，为商务楼宇党组织、党员和职工互融互通提供优质平台。三是强学习。与社区党组织开办“联合党课”，通过开展党史知识竞赛、红色基地见学、道德讲堂等主题党日，让党员群众汲取党的智慧与力量，有效推动基层党建工作高质高效、走深走实。

（二）优化服务，增强阵地“引领力”。

为给商务楼宇企业提供生活化、亲民化的服务，中铁置业广场党群服务中心加强横向沟通，积极发挥统筹协调各方资源的优势，从破解企业关注的难题着手，得到商务楼宇中各党组织的认可和支持。一是破难题。主动协调住建、综合执法等部门支持，解决机动车违章停放、电动车停放难的问题；完成路灯安装和路面改造、月川体育公园翻新等民生问题。二是创实效。积极开展“党建带群建”政务服务进商务楼宇活动20余次，推动就业（失业）登记、企业迁移登记等123项服务事项，现场为职工解答自贸港人才落户、企业设立变更等政务问题。三是延触角。联合工青妇和相关部门、社区、企业，引进有资质第三方机构，分层分类开展公益惠民、公益培训等形式多样的活动200余次，实现商务楼宇资源共享、优势互补、文明共建，提升广大职工综合素质和创业就业技能。

（三）发挥优势，织密商务楼宇“防疫网”。

新冠疫情期间，中铁置业广场党群服务中心充分发挥共建共管优势，第一时间成立“党员先锋队”，设立“党员先锋岗”。楼内党员冲在防疫一线，协助搭建“核酸采集点”，深入商务楼宇及住宅区组织群众开展核酸检测，24小时接听热线电话，在线为民解答核酸检测安排、封闭期间快递外卖接收等问题，为群众排忧解难，充当政府和企业间的“传声筒”，强化商务楼宇环境卫生管控，实现各企业有序复工复产，有效巩固疫情防控成果。

三、经验启示

认真贯彻落实海南省委组织关于党群服务阵地建设的各项部署和要求，以中铁置业广场党群服务中心为样板，推动三亚市“1+8+38+N”四级党群服务阵地体系［1个区级党群服务中心，8个大社区党群服务中心，38个村（社区）党群服务中心，N个商务楼宇、商圈、旅游景点、小区党群服务中心］建设，持续激发两新组织的内生动力，促进“党建联盟”“红色物业”走深走实，使党建引领在中铁置业广场以及更多商务楼宇、物业小区的土地上“根深叶茂”，为海南自贸港建设和城市建设作出新贡献。

5.2.2 园区党建发展基本情况

1992年邓小平同志“南方谈话”之后，产业园区进入了快速发展阶段，成为中国经济社会发展新的“增长极”，也是党建工作的新着力点。起初的园区党建属于社区党建范畴，较小的园区由街道党工委负责开展党建工作，国家级、省市级园区由市委两新组织党工委负责开展党建工作，园区党建组建的方式不尽相同，主要方式为党委主导组建、依托龙头企业组建、依托运营管理公司组建、依托楼宇组建和联合组建等五种模式。数据统计显示：“2015年70%的规模以上非公有制企业、半数以上从业人员集聚在园区。”[①]“目前，全国2540多个省级以上园区构建‘园区党工委—非公有制企业综合党委—党建工作指导站—非公有制企业党组织’四级工

① 国家市场监管总局．以高质量党建助推非公有制企业高质量发展——党的十八大以来非公有制企业党建工作综述［N］．新华网，2021-06-09．

作体系，实现园区非公有制企业50人以上有党员、100人以上有党组织，民营企业500强实现党组织全覆盖。”[①]

海南省作为中国特色社会主义改革开放的新高地，正在逐步探索建立起与自由贸易港建设相适应的园区党建工作新模式，园区为海南自由贸易港建设和发展搭建了重要的载体和平台。特别是2020年6月以后成立的13个重点园区，形成了“园区党（工）委—综合党委—企业党组织”上下贯通、执行有力的组织体系，提升了非公有制企业党组织组织力。“截至目前，海南省共有各类园区28个，党组织1300多个，党员15000余人。”[②]园区建立的党建联盟有15个。其中，以澄迈县为例，现有海南生态软件园、老城经济开发区、福山咖啡文化风情镇等3个园区，园区登记注册的非公有制企业13743家，实体运营的非公有制企业3439家，非公有制企业在岗员工39643人，隶属澄迈县管理非公有制企业综合党委1个、党支部35个，现有党员711名。当前，海南省园区非公有制企业党建工作已成为海南省基层党建工作的重要领域，加强海南省园区非公有制企业党建工作成为了一项重要而紧迫的任务。

案例二

强党建激发企业发展新活力

齐鲁制药（海南）有限公司党总支

一、基本情况

齐鲁制药（海南）有限公司是一家从事医药创新和高品质药品研发、生产及推广的医药健康企业，2005年公司在海口国家高新区

① 国家市场监管总局.以高质量党建助推非公有制企业高质量发展——党的十八大以来非公有制企业党建工作综述［N］.新华网，2021-06-09.

② “奋进自贸港，建功新时代”迎接海南省第八次党代会系列新闻发布会（第二场）［N］.国务院新闻办公室网站，2022-06-08.

成立，齐鲁制药（海南）有限公司党总支成立于2012年，公司党总支多次被评为海口市先进基层党组织，公司坚持党建引领，大力实施“国际化”战略，公司从2008年不到百万元的年产值发展到2019年实现产值20.2亿元，纳税2.37亿元，纳税总额等多项经营指标居全省医药行业领先水平。

二、主要做法

公司党总支结合年轻人多、思想活跃的实际，突出政治功能，不断为企业发展植入“红色基因”、注入“红色能量”。一是坚持党性锻炼。党总支坚持运用“三会一课”等形式，持续深化学习习近平新时代中国特色社会主义思想，多次组织全体党员赴中共琼崖一大会址、母瑞山等革命根据地开展主题党日活动，坚持每周举行升旗仪式，进一步坚定“四个意识”，增强“四个自信”，切实做到“两个维护”。二是建设党群活动中心。围绕企业生产经营，定期开设新技能、新技术培训课，把党员活动阵地建设成为集党员教育、职工教育、科技教育、技术研讨、文化娱乐功能于一体的综合性活动阵地，打造服务党员和职工的“红色家园”。三是关心关爱员工。公司党总支积极培育特色企业文化，成立了“爱在齐鲁”爱心基金会，专门用来帮助遭遇重大意外、疾病或经济困难的员工，公司党总支每年都会组织省内外优秀员工家属到公司参观、体验，并安排家属在省内、国内，乃至国外旅游，还为员工购买意外保险等，让员工及家属深刻体会“有国有厂才有我们幸福的家”的齐鲁文化内涵，企业的凝聚力不断增强。

三、经验启示

公司党总支坚持开展“一名党员一面旗帜”主题活动，将党建工作有效融入企业创新发展的各个环节，引导激励党员自觉在工艺改进、技术革新、产品研发等重点任务中创先争优。一是引进各类优秀人才。结合发展战略需求，先后从美国引进多名海归博士作为学术带头人，为企业创新发展提供人才支撑。二是坚持科技强企。以党员科技工作者为骨干，承担了多项国家、海南省、海口市重大科技创新项目，提高了患者用药可及性，新药填补了国内空白。三是履职中彰显影响力。积极响应省委、市委精准脱贫号召，积极参加“百企帮百村，千企扶千户”扶贫行动、组织员工积极参加义务献血等，坚持经济效益与社会效益并重，致富思源回报社会。

5.2.3 商圈党建发展基本情况

在全面建设社会主义现代化国家的进程中，新经济业态的出现改变了城市传统社会格局，催生了商圈党建这个新命题。商圈活代表着区域活，区域活代表着城市兴，城市兴代表着经济强。社会主义市场经济彰显的是党的鲜明色彩，加强商圈党建工作，是不断提升商圈治理水平，有效推进商圈经济持续繁荣发展的重要保障。商圈党建工作要横向到边、纵向到底，通过采取组建商圈党组织，统筹抓好商圈内非公有制企业党组织建设，使得商业企业、个体工商户做到组织全覆盖，以“党建引领”覆盖到基层网格的“神经末梢”，把不同类型、分布松散的各类非公有制企业党组织集合成为“纵向隶属、横向联动”的商圈党建共同体。

随着海南自由贸易港建设的步伐加快，商圈经济业态对海南经济社会的发展至关重要。为了加强商圈经济的党建工作，积极推行党员“包户联区”，1名党员包联1个商圈的区域，将商圈内所有商户纳入包联服务范围，划分党员责任人、联系服务商户，实现党员联系经营户全覆盖。通过建立商圈“资源清单、需求清单、项目清单”，推行“党委制单、群众点单、党员接单”服务模式，将区直单位、街道工委、社区相关服务事项下沉到商圈党群服务中心，实行“线上帮办+跑腿代办+现场受理”工作模式，精准对接群众需求，科学设置服务项目，集中各方资源为群众办实事、解难题，为商圈发展注入新动力。通过入户走访对商圈内商户党员进行摸底排查，鼓励商户党员亮出身份、参与活动，围绕“一个支部一面旗、一个党员一盏灯、一个岗位一份责任”，以榜样的力量感染商圈的创业年轻人。比如：“日月广场商圈在汇聚海口免税店、飞鹰大队等21个党组织368名党员力量的基础上，强化组织建设，商圈党委发挥党组织政治核心作用，创新组织设置，实行区域联建、分类共建、群团跟建，组建了16个非公有制企业党组织、3个‘工青妇’群团组织，坚持党建带工建、团建、妇建，汇聚商圈发展新动能，仅一年时间就收到入党申请书102份，构建了商圈党建引领发展新格局。”①

案例三

强化党建引领　打造商圈发展新引擎

海南日月广场商圈党委

一、基本情况

近年来，在省委组织部、省委两新工委的精心指导下，日月广场商圈党委以优化系统架构、人才融合、联动机制、服务体系、科技引领为抓手，创新党建工作思路和模式，有效激发了党建活力和发展动力。在日月广场商圈汇聚海口免税店、飞鹰大队等21个党组织368名党员力量的基础上，继续整合党组织资源，构建区域统筹、条块协同、上下联动、共建共享的城市基层党建工作新格局，成立日月广场商圈党委，设置党委委员9名，书记1名，副书记2名。

二、主要做法

一是以“我是党员、我亮身份”活动扩大党建覆盖范围。通过入

① 2023年年初调研填报汇总。

户走访对商圈内商户党员进行摸底排查，鼓励商户党员亮出身份、参与活动。围绕“一个支部一面旗、一个党员一盏灯、一个岗位一份责任”，挖掘商圈优秀党员代表，以榜样的力量感染商场年轻职工，日月广场商圈党委仅一年时间就收到入党申请书102份。

二是以“两个覆盖”加大商圈党的基因植入。坚持立足楼宇抓商圈，开展一楼一排查、建立一企一档案，实施把党员培养成骨干、把骨干培养成党员“双培工程”等，全面摸清楼宇楼层、入驻企业、党组织和党员基本情况，全力推动党的组织和工作同步覆盖。

三是以“党建带群团”凝聚新活力。成立日月广场联合团委、联合妇联，设立了妇女之家和青年之家，举办了宣讲等活动，让商圈内的妇女同志和青年朋友能够找准定位，把个人理想融入海南自由贸易港建设的崇高事业中。

三、经验启示

一是以“成长类”活动提高队伍综合素质。依托海口日月广场自贸港党校平台和海口市委党校的教学力量，邀请优秀专家学者开展党的理论政策宣讲会、海南自贸港政策解读以及举办“每周党史分享交流会”，引导广大商圈党员干部从党的百年非凡历程中汲取坚守初心使命的动力。

二是以“志愿类”活动激发党建新活力。通过定期组织垃圾分类、禁塑进商圈宣传、商场活动现场维稳等活动，设置党建指导、项目招商和企业服务“三员”，强化党建业务、人才服务、“最多跑一次改革”审批在商圈内一站式办理，组建由飞鹰队员、企业安保、社区干部、网格员等组成的联合巡查队伍，负责治安巡逻、处置突发事件等，助推安商、稳商、留商，为商圈保驾护航。

5.2.4 文创企业党建发展基本情况

近年来，国家为了更好地满足文创企业的融资需求，探索推进文化金融融合发展，积极搭建文化金融服务平台，创新政策服务模式，党建引领多层次、多渠道、宽领域的文化金融服务创新体系。截至2022年年底，统计数据显示："国家文创实验区共有文化企业5万余家，其中规模以上文化企业1374家。"[①]以国家文创试验区为例，2023年3月17日，根据国家文创实验区文创行业发展的需求，正式成立了党委以指导文创行业的发展，在此基础上，"对32家已建立党组织的非公有制企业，19家市级文化产业园区实现党组织'全覆盖'"，文创企业党建工作取得阶段性成果。

海南在加快建设自由贸易港的过程中离不开文创产业支持，海南省第八次党代会明确指出："高水平的公共文化服务体系和文化产业体系初步形成。"海南省作为我国改革开放的新高地，海南自由贸易港的建设如火如荼，海南文创产业迎来了发展的"新风口"，如何借助独特的资源禀赋和有利的政策优势推动文创产业在守正创新中发展壮大，打造中国向世界全方位展示文化软实力的新名片，党建引领成为文创产业高质量发展的核心要素。以三亚市为例，近年来，三亚市共有各类文化企业达3000余家，从业人员2万余人，推出了《三亚千古情》、大型实景演艺《红色娘子军》等文化精品力作，出台了《三亚市影视产业扶持政策》《三亚市"十四五"文化产业发展规划编制工作方案》等相关政策文件，以党建引领广播影视业、网络主播业、文化旅游业、文艺演出业、休闲娱乐业、艺术品经营业和文化创意服务业等多门类并存的文化产业发展格局。

① 截至2022年底国家文创实验区文化企业超5万家［N］. 中国新闻网，2023-04-12.

案例四

围绕中心抓党建 抓好党建促发展

海南玉蕊花国际传播有限公司网络主播联合党支部

一、基本情况

海南玉蕊花国际传播有限公司网络主播联合支部是由儋州央鸣文化传播有限公司和玉蕊花（海南儋州）国际传播中心有限公司党员合并组建。联合支部2022年7月成立后，将坚持“围绕中心抓党建，抓好党建促发展”理念，注重发挥党支部书记“领头雁”“主心骨”作用，将党建工作融入海南自贸港建设和儋州洋浦一体化发展大局，助力儋州直播经济发展和国际传播力建设，取得一定成效。

二、主要做法

一是推行党员积分管理。将党建与业务深度融合，组建以党员业务骨干为组长的项目组，充分发挥党员先锋模范作用，对年度积分排名靠前的党员推荐评先树优，对年度积分排名靠前的员工，优先推荐为入党积极分子，有效调动党员积极性，发挥党组织的凝聚作用，已有5名网红主播递交入党申请书。

二是勇于担当传递正能量。联合党支部搭建小红旗爱心公益配送平台，平台浏览量达2365.21万次，用户总数19.08万人，配送20.3万单，惠及群众83万人次，联合党支部牵头组建儋州爱心配送党员志愿者突击队，先后带动118名志愿者参与服务，累计时长4万小时，相关做法荣获2021年度公益慈善类“巾帼好网民故事”。

三、经验启示

一是激活组织力为企业注入红色引擎。优化考核激励机制，建立融绩效、分红、考核和激励于一体的党员积分管理系统，每月对党员和员工工作实绩评价赋分。

二是充分发挥组织优势。加强党组织建设，以“互联网+党建”服务为核心，带领党员干部结合各级党政机关党建需求，打造海南“互联网+党建”服务工作的标准化、规范化、网络化的品牌。

5.2.5 “小个专”党建发展基本情况

我国非公有制经济中的“小个专”主体数量多、分布广，充分发挥各地市场监管部门职能优势抓“小个专”党建工作尤为重要。我国从2014年开始，工商管理部门最早承担起了“小个专”党建工作的落实责任。随着国家机构设置的合并与改革，各地依托市场监管部门成立了“‘小个专’党委1800余个，依托基层市场监管所设立党建工作指导站1万多个，推动成立‘小个专’党组织20多万个”[①]。我国市场监管部门在推进“小个专”党建工作过程中，着眼融入中心服务大局，把完成重大任务作为试金石、磨刀石，发挥党组织实质作用，有力促进“小个专”经济高质量发展。

“小个专”作为海南省党建工作和群众工作的重要阵地，更是基层党建工作领域的重要组成部分。海南省以党建引领“小个专”经济高质量发展，通过建立海南省市场监督管理局“小个专”非公有制经济组织党建平台，加强对符合条件的“小个专”进行党建指导，及时掌握“小个专”党建工作情况，按照非公有制企业党支部建设标准化规范化的要求，持续发挥党建引领作用，有效推动“小个专”经济快速发展。截至2022年年底，“海南省建立健全‘小个专’党建工作机构，分别指导10个市县市场监管局成立了‘小个专’非公有制经济组织党委、10个市县成立‘小个专’党建工作机构，并出台了《关于在全省市场监管部门推动小个专非公有制

① 国家市场监管总局.以高质量党建助推非公有制企业高质量发展——党的十八大以来非公有制企业党建工作综述［N］.新华网，2021-06-09.

经济党建信息化平台运行使用的通知》，该平台已完成验收，并录入345个党组织和1313名党员信息。”[①]截至2022年年底，“海南省以平台经济为代表的快递物流业兴起，集聚了网约车司机、货车司机、外卖送餐员、快递员等大量新就业群体。海南省共有快递员、外卖员、网约车司机、网络主播等新就业群体45905人，其中党员617人，已建立新就业群体党组织89个，其中，流动党组织17个，工会组织131个，共青团组织60个，妇联组织12个。”[②]以海口复兴城互联网信息产业园为例，从2015年至今，复兴城吸引上千家互联网企业、5000多名互联网工作人员聚集于此，采用联合大党委的组织架构，以“321”阶梯式统筹党建工作。其中，企业有3名及以上正式党员，就组建一个党支部；有2名党员，委派党建指导员到企业兼任党组织负责人；只有1名党员或流动党员，挂靠园区联合大党委。

案例五

党建引领聚合力　科技创新谱新篇

隆平生物技术（海南）有限公司党支部

一、基本情况

隆平生物技术（海南）有限公司成立于2019年5月10日，公司位于三亚市崖州区雅布伦产业园。近年来，在海南省委组织部、三亚市委组织部和崖州湾科技城管理局党委的精心指导下，隆平生物技术有限公司党支部工作取得明显成效，推动了企业快速发展。

二、主要做法

一是深化党建结对共建。坚持“围绕业务抓党建，抓好党建促发展”的工作理念，积极创建高效、规范、有活力党支部运行模式，积极融合产业链“大党委”工作体系，公司党支部已与中国科学院、中

①② 2023年年初调研填报汇总。

国农业科学院、中国农业大学等多所知名科研院校建立科企合作关系，邀请名师教授与公司员工、党员面对面交流，着力于培育“人无我有、人有我专、人专我精、人精我新”的企业创新精神。

二是推行党员设岗定责。实行党员试验田责任制，将党支部建设成为指引方向、凝聚人心、促进发展的坚强战斗堡垒。公司经过历时4年的研发，在抗虫耐除草剂转基因玉米和大豆产品研发与商业化转化方面均取得突破进展，转基因一代产品LP007和LP007+系列通过自主研发的多基因叠加技术，也为农民带来巨大收益。

三是强化企业科技创新。坚持以习近平总书记关于种业发展的重要论述为指导，把支部建设工作融入科研工作、融入人才队伍建设、融入“南繁硅谷”建设，经过3年来各阶段法规试验，公司相关产品已获得农业部法规批件174个，其中环境释放批件31个，生产性试验批件11个。

三、经验启示

一是抓实政治引领。公司高层领导高度重视党建工作，大力支持公司党支部规范化标准化建设，公司董事长亲自推荐党建业务能力强、工作责任心好的业务骨干作为支部班子人选，将党建工作写入公司章程。

二是融入文化建设。主动将“奋斗不息，创新不止”的企业文化融入支部建设，坚持将优秀党员培养成为公司业务骨干、将业务骨干发展成为党员，通过双向提升的方式，为企业培养锻炼出了一批勇于担当、攻坚克难的实干型党员骨干人才。

三是创新活动载体。充分利用年轻人喜欢创新、善于创新的特点，不断创新主题党日活动形式，开展海滩徒步竞赛学党史、观看追忆红色娘子军舞台剧等形式多样党员教育活动，增强了党员教育的针对性、实效性。

5.3 党建工作机制创新成果：非公有制企业党建参与基层治理论述

在全党全国各族人民迈上全面建设社会主义现代化国家新征程中，非公有制企业因其巨大的经济体量、庞大的就业容量，已经成为社会主义市场经济的重要组成部分。新时代的非公有制企业党组织也应当有新气象新作为，这就要切实融入城市基层治理当中，充分发挥在城市基层治理中的积极作用，为实现城市基层治理体系和治理能力现代化贡献应有的力量。

自海南自由贸易港建设以来，港澳台侨、民营企业等非公有制经济积极融入海南自由贸易港建设，在海南经济社会发展中的地位更加凸显，已经成为打造中国式现代化海南样板的生力军和主力军，是海南省实现高质量发展的重要基础。统计数据显示："截至2023年6月份，海南省市场主体总数为314.12万家，其中，其中非公有制经济经营主体310.85万家，占比98.96%；今年1至5月，全省经营主体实现税收637.69亿元，其中非公有制经济市场主体税收582.52亿元，占比91.35%。"[①]

2022年以来，海南省城市基层治理现代化格局不断完善，非公有制企业党组织已经成为参与海南城市基层治理的重要主体之一。从海南自由贸易港实践来看，非公有制企业党组织已经成为城市基层治理的重要参与主体，具体而言，非公有制企业党组织参与城市基层治理以区域化党建为平台，在此基础上，以驻区单位之间的联建项目作为参与城市基层治理的抓手，依托邻里中心，以服务民生为重点，并且有多元主体为党建活动的

① 海南自贸港非公有制经济企业大讲堂在海口举办［N］. 南海网，2023-07-14.

开展提供经费保障。主要的创新成果方式方法如下。

5.3.1 以区域化党建为平台

在海南省委《关于坚持以党建引领海南自由贸易港建设的意见》、省委组织部《关于加强全省非公有制经济组织和社会组织党组织管理体制机制建设的意见（试行）》（琼组通〔2018〕21号）和《海南省园区党建工作实施办法（试行）》（琼组通〔2021〕59号）等文件的指导下，海南省各市县党委及组织部门从最开始就积极思考区域化党建和社会治理间的关系，形成了以党建引领社会治理的思想共识。海南省非公有制企业党组织参与城市基层治理同样也是以区域化党建作为其主要平台。区域化党建过程中，市级党委主要发挥“指挥”功能，在区级层面设立党建联席会议制度，联席会议的成员主要由驻区单位组成，其中包括各类非公有制企业组织。街镇党委在区域化党建中起“龙头”作用，各街镇党委在区级区域化党建平台基础上，建立和完善街镇层面的区域化党建工作“三会制度”，即区域化党建联席会议制度、社区代表会议和社区委员会制度、村居共治联席会议制度。在各街镇区域化党建联席会议与专委会协同推进下，非公有制企业党组织参与到区域化党建平台中来。村居党组织则在此过程中扮演“战斗堡垒”的角色，主要依托邻里中心与包括非公有制企业在内的区域单位形成共建共治的党建格局。以“区—街镇—村居”自上而下的三级平台为支撑，区域化党建成为非公有制企业党组织参与城市基层治理的重要平台。

5.3.2 以联建项目为抓手

为解决基层党建领域中资源分布不均衡的问题，依托区域化党建平台，海南省各市区建立了以需求为导向的项目申报制度，并以此为抓手，引导和鼓励非公有制企业党组织参与城市基层治理中。非公有制企业党组织与区域党建联席会议成员单位间的合作共建，主要通过项目对接的方式来实现。在每年的共建项目申报前，区域党建联席会议办公室将下发“两表”，即《区域党建成员单位需求意向表》和《区域党建共建项目申报表》。在汇总梳理、重点走访非公有制企业党组织等成员单位后，以“资源清单”为基础，在保证共建项目既能围绕非公有制企业党组织等成员单位的实际需求，又能对接区委、街镇有关职能部门的重点工作的基础上，分别在区级、专委会和街镇分会分别设立共建项目。例如，三亚中央商务社区探索与属地辖区共建共创、齐抓共管的党建工作机制，围绕园区“4+2”产业体系，按照“打破壁垒”“创新架构”要求，建立横向联动、纵向延伸的“1+2+N”党建联盟体系，努力把党的政治优势、组织优势转化为发展优势、治理优势，以“党建链”助推“产业链”高质量发展。非公有制企业是区域化党建的重要参与者，在推进区域化党建过程中，非公有制企业和其他驻区单位以共建联建项目为抓手，实现共享共赢共治。

5.3.3　以邻里中心为依托

在党建引领社会治理的大背景下，服务社会成为非公有制企业履行社会责任的工作重点，而邻里中心成为非公有制企业党组织服务社会时主要依托的实体化运作平台。依托社区邻里中心，街镇相关职能部门联合非公有制企业党组织积极开展公益服务项目，使非公有制企业的各类资源下沉到社区，得到充分的利用。邻里中心为非公有制企业履行社会责任提供了平台，形成了多元主体参与其中的邻里中心党建运行机制。邻里中心党建运作机制主要是在建网格、建机制的基础上，助推包括非公有制企业在内的党组织和党员踊跃参与邻里中心建设，促进非公有制企业党组织融入区域化大党建工作格局。根据“组织、服务、协调、督促”的工作思路，以区域化党建联建为基础，按照地域相近的原则，结合邻里中心建设，建立党建网格管理机制，打造党建“一公里服务圈”。党建网格的划分主要依据邻里中心，在此基础上，设立片区党建工作站。同时，以区域化党建联建“四区五联”为载体，分别在街镇层面、邻里中心党建网格上建立党建联席会议沟通机制，不定期与非公有制企业党组织开展需求对接、共商共议、交流互动等活动，为非公有制企业党组织依托邻里中心参与城市基层治理提供保障。

5.3.4 以服务民生为重点

在坚持“党建引领社会治理”的理念指引下，非公有制企业党组织借助区域化实现“党建—民生—治理”一体融合优势，使非企业党建和城市基层治理走出了“条”的局限，走进“块”的空间，突破以往的相对封闭和所有制限制。非公有制企业党组织参与城市基层治理以服务民生为重点，更好地促进了区域内民生事业发展。非公有制企业党组织在区域化党建平台中积极拓展合作内容，服务于地区经济社会发展尤其是民生事业的建设。例如，在城乡党组织结对帮扶中，积极构建镇、村、非公有制企业党组织、园区党组织与经济薄弱村党组织结对帮扶的新机制，取得了较好的效果。比如2021年，三亚市基层党建工作充满活力、步履不停，社区里的“爱心屋”、景区里的“服务站”、楼宇里的“连心桥”……15分钟党群服务圈让基层党建“实”起来，成为海南省基层社会治理探索新样本；建立全面深化制度建设与党史学习教育、作风整顿建设、“查堵点、破难题、促发展”活动以及创一流营商环境专项工作联动机制，以“城市体检”推动“城市更新”；择优抽调23名优秀年轻科级干部到23个工作专班实践锻炼，促进了“小个专”党建工作的开展，使“小个专”党建工作有了抓手，为高层次人才汇聚“一城三领域”，三亚成了党建引领人才集聚新高地、创新活力新磁场……

5.3.5　以党建基金为保障

为进一步发挥区域化党建的平台作用，引导各方力量参与基层治理，着力构建党组织领导下充满活力的基层自治和共治工作新格局，各地各区在街镇、村居层面探索出了一条以“自治基金”为依托的党建经费保障机制。例如，秀英区西秀镇的“家园自治金”和龙华区国贸大院党群活动中心的“成美慈善基金会”等。党建基金的筹集可以归纳为“四个一点”，即驻区单位赠一点，党员干部捐一点，党费缴纳提一点，财政资金拨一点。党建基金的来源：一是依靠包括非公有制企业党组织在内的区域化党建成员单位捐赠；二是依靠党员干部的个人捐赠；三是依靠党费拨款，按照一定比例从收缴的党费中划拨一定金额转入；四是财政性资金，依靠区、街镇的财政资金拨款。“自治基金”的用途一般着力点放在与群众切身利益相关的领域。比如，龙华区国贸大院党群活动中心的“成美慈善基金会”专门用于弱势群体的互助自助和对“四心同盟”活动的支持——开心俱乐部（癌症患者）、舒心俱乐部（残疾人）、悦心俱乐部（独居老人）、同心俱乐部（少数民族）。“自治基金”的使用有着严格的制度。西秀镇的“家园自治金”，一个项目的实施，须经过申报、初审、评审、资金拨付、项目实施、评估、备案等7个环节。党建基金的探索有效拓宽了基层党组织领导基层社会治理的经费来源，非公有制企业党组织在其中发挥了重要的作用，为基层党组织发挥“战斗堡垒”作用提供了经费保障。

第6章

自贸港背景下的非公有制企业党建工作机制作用的实证分析

习近平总书记在第二届中国国际进口博览会开幕式上强调："营商环境是企业生存发展的土壤。今后，中国将继续针对制约经济发展的突出矛盾，在关键环节和重要领域加快改革步伐，以国家治理体系和治理能力现代化为高水平开放、高质量发展提供制度保障。"[①]要想营造好的营商环境，就必须要有相应的制度保障。现阶段，海南作为新时代改革开放的新高地，好的营商环境，离不开相应的制度保障。就非公有制企业而言，党的政策为非公有制企业提供了好的营商环境，党建工作机制创新是发挥政治引领作用、实现非公有制企业高质量发展的重要突破口。党建工作机制作用发挥的着力点主要体现在"有效覆盖"和"实效工作开展"，通过提升党组织的组织力来实现。党组织的政治引领功能不仅体现在吸纳优秀的社会人士，还体现在能整合相关的优质资源，把利益和供需关系调配到最佳，扩展到非公有制企业的方方面面，使非公有制企业中"政治强、党务精、懂经营、有活力、会管理"的人才脱颖而出。为此，本书对海南自由贸易港背景下的非公有制企业党建工作开展情况进行了广泛的调研，以期通过对非公有制企业党建工作现状来把握并总结经验、分析不足以及提出相应的对策建议。

6.1　非公有制企业党建工作机制调查设计概略

海南省作为自由贸易港政策落地的先行区、非公有制企业党建工作机制创新的新高地，在探索党建引领海南自由贸易港建设的实践中彰显着制度的优势。其中，非公有制企业作为海南省经济社会发展的重要力量，在

① 习近平. 第二届中国国际进口博览会开幕式上的主旨演讲［N］. 新华网，2019-11-05.

党的政策指引下不断发展壮大。面对这个重要的群体，全面了解和把握新时代非公有制企业党建工作机制的现状是个比较复杂、困难的课题，实证研究是非常重要的研究方法。

如何进行实证研究？也是需要细化的。已有的关于非公有制企业党建工作机制研究成果大多以几个比较典型的非公有制企业或者规模较大的非公有制企业作为研究的对象，这种案例具有某些行业领域的典型性，在当地也能引起较大的社会反响，确实具有剖析非公有制企业党建工作机制作用的价值。但是，目前我们所看到的非公有制企业党建工作机制调查成果基本上都是某个领域非公有制企业的集中，这难道就是当前非公有制企业党建工作机制现状的全貌吗？很显然不是的。我们要以全面性、客观性以及科学性作为调查非公有制企业党建工作机制创新研究的基本原则。因此，本书提出自贸港背景下非公有制企业党建工作机制创新研究的问题，涉及不同存在形式的非公有制企业以及具有代表性的非公有制企业类型的问卷调查是本书全面了解自贸港背景下的非公有制企业党建工作机制现状的方法和途径。本章主要呈现的是我们在建设海南自由贸易港的实践中所进行的问卷调查的数据和分析的成果。接下来是关于问卷调查的设计、问卷调查样本情况、问卷调查的主要内容和党建工作机制作用评价等基本情况的论述。

6.2 非公有制企业党建工作机制问卷调查的设计

追求全面性、客观性和科学性的问卷调查是实证研究的主要手段，但是要想获得比较可靠真实的数据，问卷调查设计思路、调查过程、调查内容、调查对象以及数据分析的准确性是调查问卷获得成功的关键。

6.2.1　问卷调查的设计思路

非公有制企业健康稳定地发展是非公有制企业党建工作机制创新的目的，具有优化性，非公有制企业党建工作机制作用的优化性如何真实地反映？如何通过问卷提出的问题使调查者能真实地反映现实的情况呢？

首先，问卷调查设计的问题不能过于直白，不能存在隐性问题，也不能提出的问题可选择的选项过少，以至于被访问者无从选择他想选择的答案；而且要排除各种直白性、隐性的题目和选项，尽可能地设计出间接的并涵盖各种可能性的多种选项的问题来让被访者进行选择，包括被访者对他人在非公有制企业中通过开展党建工作机制创新而获得的实际效果来反映被访者是否愿意参与党建工作。虽然非公有制企业党建工作机制的创新是优化性的目标追求，但党建工作在非公有制企业中同样具备实践操作管理企业的特征。因此，问卷调查设计可以通过职工的行为选择、对非公有制企业中开展党建工作的实践案例以及他人对在非公有制企业中开展党建工作机制创新过程中获得的实际效果来反映被访者的接受倾向。

其次，问卷调查设计追求全面性的覆盖。全面性的覆盖也是调查真实性的组成部分，突出的是全覆盖的真实性。实际上，问卷调查设计追求问题的有效性或者真实性主要强调的是每一个被访者对于在非公有制企业开展党建工作机制创新过程中获得效果态度的真实反映，通过全面性反映出的是不同职业、不同信仰、不同文化水平、不同年龄、不同性别等群体对在非公有制企业中开展党建工作机制创新效果的态度。不仅如此，全面性还包括非公有制企业的职工对开展党建工作机制创新效果的认同程度和党建工作机制创新在非公有制企业发展中的实际作用的评级；既包括对非公有制企业开展党建工作的评价的题目，也包括党组织在非公有制企业发展方面的作用的建议；既有党组织在非公有制企业组织开展党员学习活动情况的题目，也有党员不愿意参加党组织活动原因的题目等。全面性还体现在通过非公有制企业党的建设工作机制创新研究调查问卷的形式，把海南自由贸易港背景下的非公有制企业大体分为商务楼宇、园区、商圈、文创和“小个专”等不同存在形式的企业进行全覆盖。

最后，问卷调查设计追求的是不同层次的获得效果。设计不同层次亦是追求全员性和准确性的细化。对于在非公有制企业中开展党建工作机制创新，不同存在模式与规模的非公有制企业和不同类型的人会呈现出不一样的态度，单一层次的调查研究很难准确把握不同规模、行业和类型的人对开展党建工作机制创新态度的真实性。因此，本调查问卷设计划分为三个层次，第一个层次为基本涵盖了海南自由贸易港背景下不同存在形式的非公有制企业；第二个层次为非公有制企业主，因为党建工作能否在非公有制企业中顺利开展，非公有制企业主最为关键；第三个层次为非公有制企业的党员及职工。可以说，设计出的问卷调查实现了纵向及横向的全覆盖。

6.2.2 问卷调查的设计过程

自本书开始撰写之初，非公有制企业党建工作机制作用的问卷调查设计就被纳入了考虑，就制定了非公有制企业党建工作机制作用发挥的调查问卷方案。以2018年丁晓强教授负责的《上海非公有制经济党建发展报告（2018）》（以下简称《报告》）和由本书作者负责的2022年海南省哲学社会科学研究项目《区域化党建引领我省重点园区非公有制企业党建质量提升研究》（以下简称《研究》）为基础，其中，《报告》本书作者有幸参与其中，就《报告》内容进行了有针对性的吸收和归纳，《研究》是根据海南省重点园区的发展状况进行的归纳和总结。基于此，精心设计出海南自由贸易港背景下的非公有制企业党建工作机制作用调查问卷。由于海南自由贸易港背景下的非公有制企业党建工作机制作用调查问卷涉及的行业多、题目多、问题涉及很多细节，本书作者在设计问卷题目时耗用了近三个月的时间，多次请教业内人士和专家学者，反复打磨，问卷调查题目初定之后还进行了预调查，调整后形成了“非公有制企业工作人员对开展党建工作的认可”和“非公有制企业党组织开展党建工作现状”两大框架问题。

在调查设计完成之后，对收集上来的每份问卷调查进行编号整理，实行严格的调查管理。经过半年多的非公有制企业实地调研，2022年年底对收回的问卷调查进行数据整理、审核和最终的数据录入工作，2023年上半年完成了原始数据统计工作，随后进行数据分析。在数据初步分析的基础上，提出了数据交叉分析、比较分析，深入挖掘数据价值的要求，并在此基础上提出非公有制企业党建工作机制创新存在的问题、原因及对策，形成本书。

6.2.3　问卷调查的核心观点

党建工作机制作用问卷调查的核心观点总体包括三个方面：一是，调查非公有制企业主、党员及职工对于在非公有制企业中开展党建工作机制创新的认知、态度和非公有制企业发展关系的情况，作为判断党员及职工对党建工作开展情况的态度的依据；二是，调查非公有制企业党务工作者工作积极性的现状及原因，作为研究非公有制企业党建工作机制创新意见的数据参考；三是，调查非公有制企业党建工作机制创新的实际效果，包括非公有制企业主、党员及职工对党建工作机制创新的评价、接受程度和各种想法建议，为推进非公有制企业党建工作机制创新提供有效性价值的群众智慧。

6.2.4　问卷调查的对象与区域

非公有制企业党建工作机制作用的调查对象，因工作出发点不同而有所区别。非公有制企业党建工作机制作用调查对象的范围，为海南自由贸易港背景下的非公有制企业年龄在18岁以上的正式员工，涵盖各个层次员工。主要对象有一线工作的非公有制企业人员，也有非公有制企业管理人员、技术人员、企业高层人员、董事长或总经理；非公有制企业类型包括民营的、合资的、外资企业；既有大型的上市企业，也有中小型企业，还有少量的小微企业、个人合伙企业以及个体工商户。

非公有制企业党建工作机制作用调查区域，考虑到在不同的存在形式下非公有制企业党建工作机制创新有着不同的诉求，所以把海南自由贸易港背景下不同存在形式的非公有制企业分为商务楼宇、园区、商圈、文创和“小个专”等企业类别。此次问卷调查录共计发放120份（各24份），其中商务楼宇收回有效样本22份、园区收回有效样本20份、商圈收回有效样本21份、文创企业收回有效样本23份、“小个专”收回有效样本19份，总有效收回率为87.5%。

本次调查问卷主要采用SPSS20.0对数据进行统计分析，具体分析方法包括频次分析、加权计算、多重响应交叉分析、卡方检验的方法。

6.3 非公有制企业党建工作机制问卷调查样本情况

商务楼宇、园区、商圈、文创和“小个专”这五种不同存在形式的非公有制企业调查问卷数据，统计出来的结果是不一样的，因为非公有制企业的性质不一样，调查的样本也不一样，所以调查产生的样本数据也就不一样，下面分别是五种调查样本的情况，以五种不同存在形式的非公有制企业党建工作机制创新调查数据分析为基础。

本次调查对象和区域基本上囊括了海南自由贸易港背景下不同存在形式的非公有制企业，类型多样，能够客观反映调查对象和区域的客观现实状况。被访问者基本信息如下：被访者中，男性共有78人，占全部被访人数的65%；女性共有42人，占全部被访人数的35%（见图6-1）。

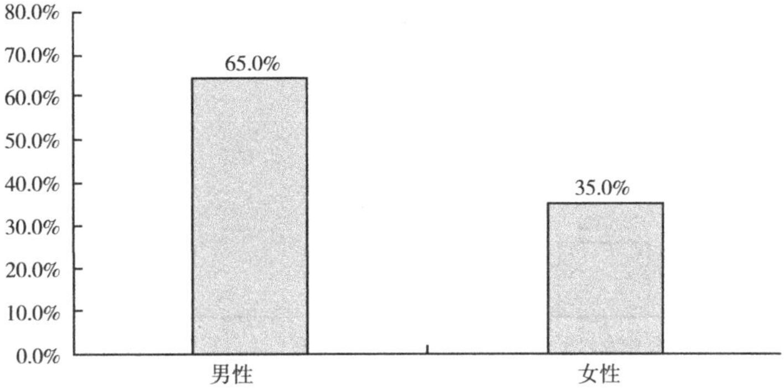

图6-1　被访人员的性别结构

被访者中，18—20岁被访人员共有9人，占全部被访人数的7.5%；21—35岁的被访人员共有64人，占全部被访人数的53.3%；36—60岁的被访人员共有38人，占全部被访人数的31.7%；61岁及以上的被访人员共有9人，占全部被访人数的7.5%。本次被访者的年龄主要集中在21—35岁和36—60岁这两个年龄阶段（见图6-2）。

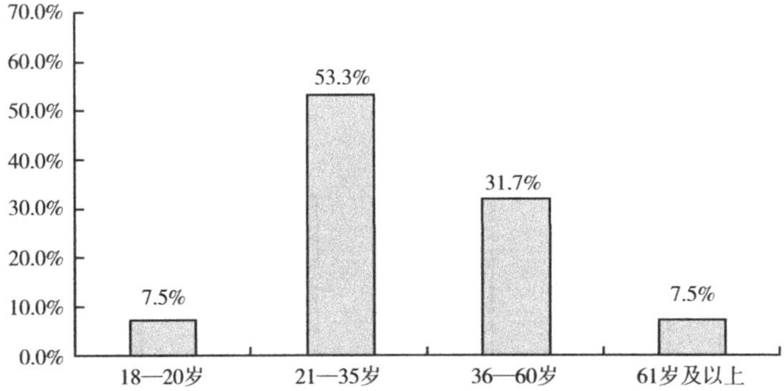

图6-2　被访人员的年龄结构

被访人员中，受教育程度在初中及以下的被访人员共有20人，占全部被访人数的16.7%；受过高中和技校教育的被访人员共有25人，占全部被访人数的20.8%；受过高等及以上教育的被访人员共有75人，占全部被访人数的62.5%。本次被访者的学历以高等及以上教育学历为主（见图6-3）。

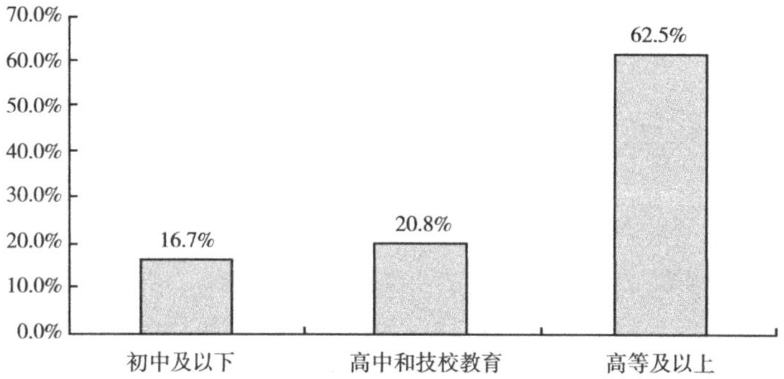

图6-3　被访人员的受教育程度统计

被访者的工作年限分布情况如下：工龄5年以下的被访者共有38人，占全部被访人数的31.6%；工龄5—9年的被访者共有35人，占全部被访人数的29.2%；工龄10—20年的被访者共有30人，占全部被访人数的25%；工龄21年以上的被访者共有17人，占全部被访人数的14.2%。被访者的工龄年限分布比较平均，依次为工龄5年以下、工龄5—9年、工龄10—20年和工龄21年以上（见图6-4）。

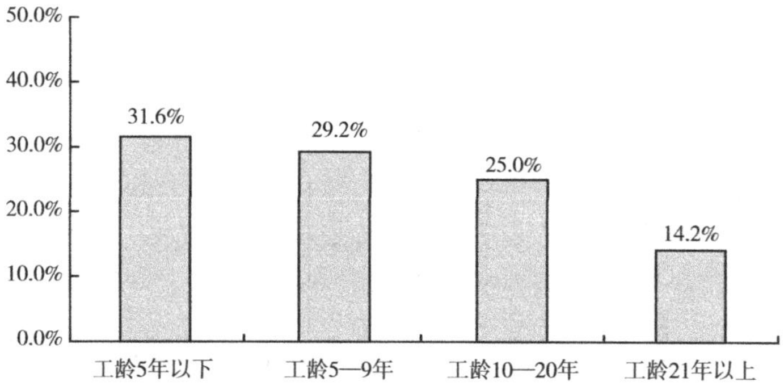

图6-4　被访人员的工作年限统计

被访者的年收入分布情况如下：年收入6万元及以下的被访者共有25人，占全部被访人数的20.8%；年收入6万—12万元的被访者共有30人，占全部被访人数的25%；年收入12万—30万元的被访者共有39人，占全部被访人数的32.5%；年收入30万—50万元的被访者共有10人，占全部被访人数的16.7%；年收入50万元及以上的被访者共有6人，占全部被访人数的5%。大多数被访者年收入在6万—12万元和12万—30万元中，其次分别是6万元及以下、30万—50万元和50万元及以上（见图6–5）。

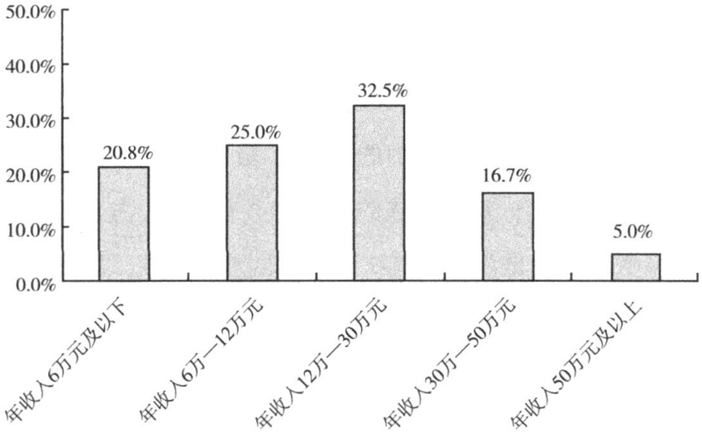

图6–5　被访人员的年收入情况

被访者政治面貌分布情况如下：中共党员身份的被访者共有68人，占全部被访人数的56.6%；共青团员身份的被访者共有22人，占全部被访人数的18.5%；其他民主党派人士的被访者共有10人，占全部被访人数的8.3%；群众身份的被访者共有20人，占全部被访人数的16.6%。大多数被访者是中共党员，其次分别是共青团员、群众和其他民主党派人士（见图6–6）。

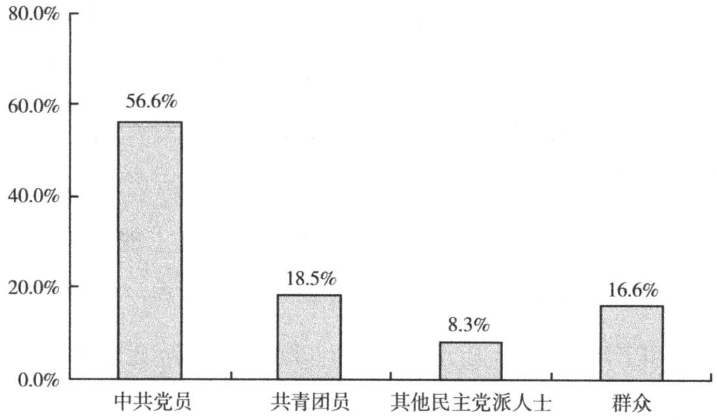

图6-6　被访人员的政治面貌情况

被访者民族分布情况如下：汉族的被访者共有99人，占全部被访人数的82.5%；回族的被访者共有8人，占全部被访人数的6.6%；壮族的被访者共有5人，占全部被访人数的4.2%；蒙古族的被访者共有3人，占全部被访人数的2.5%；其他民族的被访者共有5人，占全部被访人数的4.2%。大多数被访者是汉族，其次分别是回族、壮族、蒙古族及其他少数民族（见图6-7）。

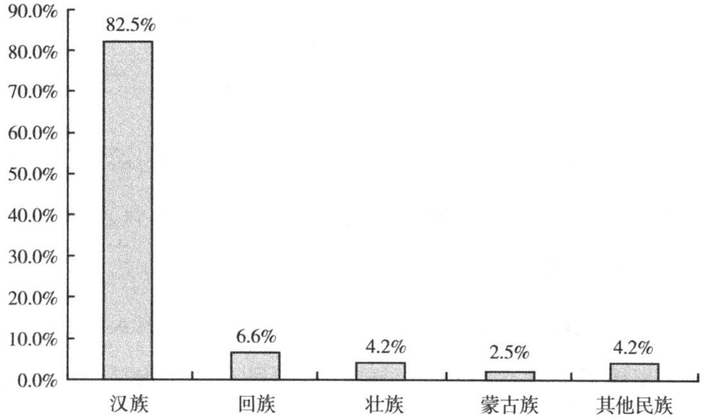

图6-7　被访人员的民族构成情况

被访者企业性质类别分布情况如下：民营企业的被访者人数共有87

人，占全部被访人数的72.6%；合资企业的被访者人数共有25人，占全部被访人数的20.8%；外资企业的被访者共有8人，占全部被访人数的6.6%。大多数被访者是民营企业，其次分别是合资企业和外资企业（见图6-8）。

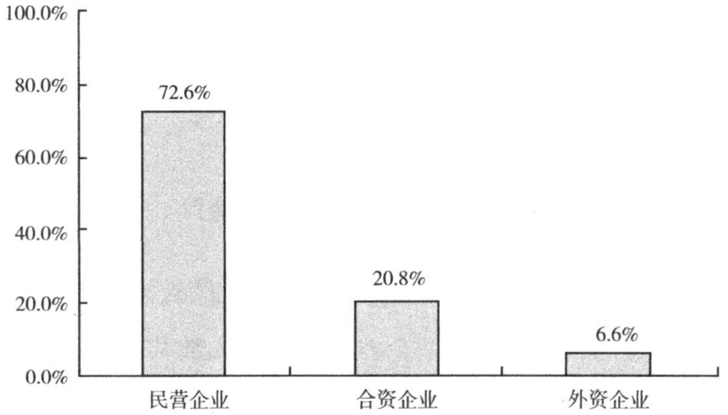

图6-8　被访人员的企业性质

被访者企业行业类别分布情况如下：贸易类企业的被访者人数共有10人，占全部被访人数的8.3%；工程类企业的被访者人数共有10人，占全部被访人数的8.3%；设计、企划及服务类企业的被访者人数共有20人，占全部被访人数的16.6%；科技类企业的被访者人数共有20人，占全部被访人数的16.6%；投资类企业的被访者人数共有18人，占全部被访人数的15%；物流类企业的被访者人数共有5人，占全部被访人数的4.4%；房产类企业的被访者人数共有12人，占全部被访人数的10%；其他类企业的被访者人数共有25人，占全部被访人数的20.8%。被访者的企业行业类别分布比较平均，依次为其他类企业、科技类、设计、企划及服务类企业、投资类企业、房产类企业、贸易类企业、工程类企业和物流类企业（见图6-9）。

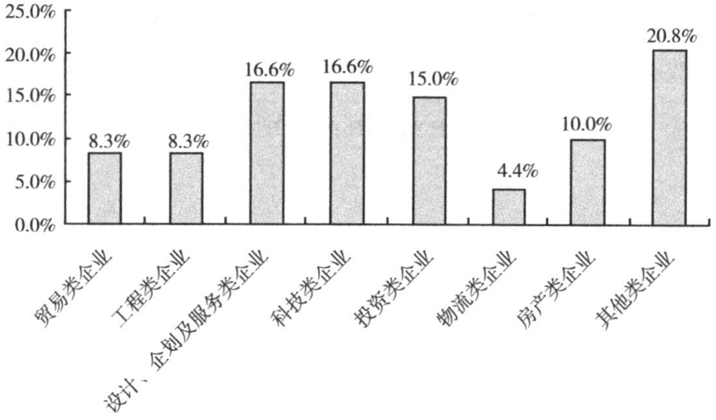

图6-9　被访人员的企业行业类别

被访者的企业规模分布情况如下：大型企业的被访者人数共有33人，占全部被访人数的27.5%；中型企业的被访者人数共有34人，占全部被访人数的28.3%；小微型企业的被访者人数共有28人，占全部被访人数的23.4%；个人合伙企业的被访者共有25人，占全部被访人数的20.8%。被访者的企业规模分布比较平均，依次为中型企业、大型企业、小微型企业和个人合伙企业（见图6-10）。

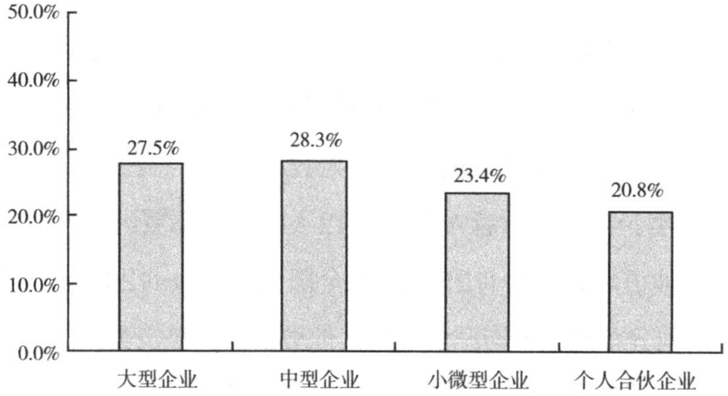

图6-10　被访人员的企业规模

被访者在非公有制企业中的身份分布情况如下：董事长或企业主身

份的被访者共有10人，占全部被访人数的8.3%；职业经理人身份的被访者共有16人，占全部被访人数的13.3%；决策管理层成员身份的被访者共有25人，占全部被访人数的20.8%；中层管理人员身份的被访者共有25人，占全部被访人数的20.8%；技术骨干人员身份的被访者共有20人，占全部被访人数的16.8%；一般职工身份的被访者共有24人，占全部被访人数的20%。被访者的非公有制企业身份分布主要集中在决策管理层、中层管理人员和一般职工，其次分别是技术骨干人员、职业经理人和董事长或企业主（见图6-11）。

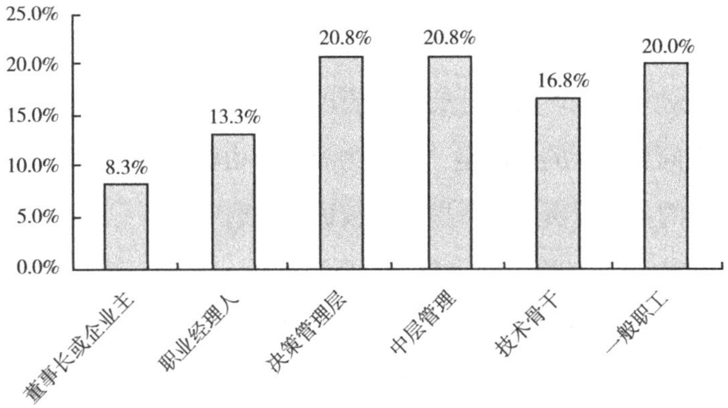

图6-11 被访人员在企业中的身份

6.4 非公有制企业党建工作机制问卷调查的主要内容

非公有制企业党建工作机制创新的调查对象和区域是经营者或从事党建的工作人员，被访对象来自海南自由贸易港背景下的不同存在形式的非公有制企业中不同群体的人员。党建工作机制作用调查从“非公有制企业工作人员对开展党建工作的认可”和“非公有制企业党组织开展党建工作现状”两个方面进行调查问卷设计。非公有制企业工作人员对开展党建工作的认可程度的具体考察指标有“您认为在非公有制企业中有必要建立党组织吗？”“您认为当前非公有制企业党建工作是否需要建立职业化党务干部队伍？”“您认为党组织开展的活动对非公有制企业的发展如何？”这三个方面的指标。非公有制企业党组织开展党建工作现状调查，主要通过非公有制企业工作人员对其所在的企业中党员作用发挥的评价、所在的企业中党组织在服务群众方面的状况和“上级党组织对企业中党组织的指导作用如何？怎样加强和改进？”三个指标来进行设计。通过调查问卷发现，当前自贸港背景下的非公有制企业工作人员在开展党建工作机制创新的过程中，对党建工作具体开展现状表现出不同的意见，具体情况如下：

1. 调查问卷设计的问题是“您认为海南自由贸易港背景下的非公有制企业党组织的主要职责是？”提供给被访者的选项是：

A. 维护党和国家的利益、企业的合法权益、员工的正当权益

B. 积极宣传海南自由贸易港政策，促进企业的健康快速发展

C. 积极参与企业重大问题决策，做好党管人才工作

D. 积极开展党组织活动，凝聚党员和员工群众

E. 服务企业发展、服务党员、服务员工

F. 其他

被访者的回答如下：

占被调查者总数12%的人员认为，党组织主要职责是“维护党和国家的利益、企业的合法权益、员工的正当权益”；占被调查者总数61%的人员认为，党组织主要职责是“积极宣传海南自由贸易港政策，促进企业的健康快速发展”；占被调查者总数5%的人员认为，党组织主要职责是“积极参与企业重大问题决策，做好党管人才工作”；占被调查者总数4%的人员认为，党组织主要职责是“积极开展党组织活动，凝聚党员和员工

群众”；占被调查者总数12%的人员认为，党组织主要职责是“服务企业发展、服务党员、服务员工”；占被调查者总数6%的人员认为，党组织主要职责是“其他”（见图6–12）。

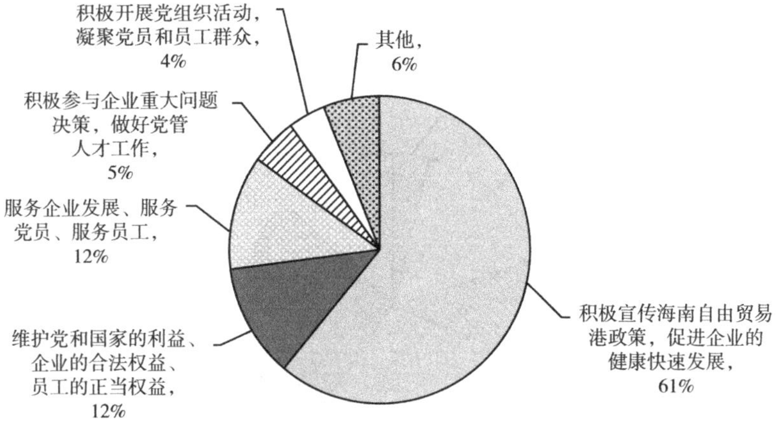

图6–12　您认为海南自由贸易港背景下的非公有制企业党组织的主要职责是？

2. 调查问卷设计的问题是“您认为海南自由贸易港背景下的非公有制企业党务干部队伍中存在的突出问题是？”提供给被访者的选项是：

A. 行政兼职过多，无法对党建工作倾注更多的精力

B. 难以得到业主和员工的支持

C. 上级党组织工作指导不够

D. 缺少必要的激励保障机制

E. 业务水平和专业素质不高

F. 其他

被访者的回答如下：

占被调查者总数13%的人员认为，党务干部队伍中突出的问题是“行政兼职过多，无法对党建工作倾注更多的精力”；占被调查者总数16%的人员认为，党务干部队伍中突出的问题是“难以得到业主和员工的支持”；占被调查者总数11%的人员认为，党务干部队伍中突出的问题

是“上级党组织工作指导不够”；占被调查者总数29%的人员认为，党务干部队伍中突出的问题是“缺少必要的激励保障机制”；占被调查者总数27%的人员认为，党务干部队伍中突出的问题是“业务水平和专业素质不高”；占被调查者总数4%的人员认为，党务干部队伍中突出的问题是“其他”（见图6–13）。

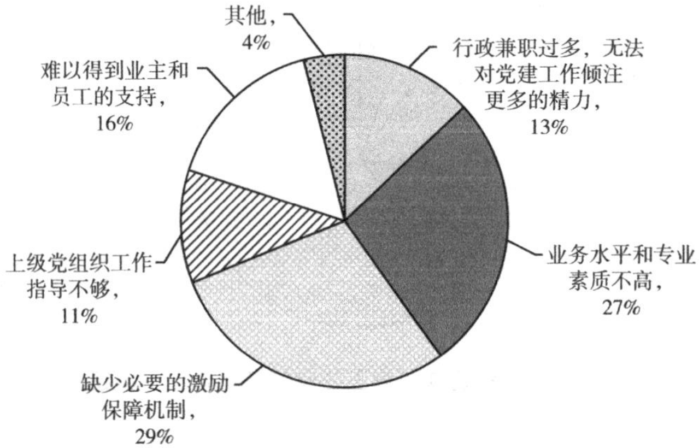

图6–13　您认为海南自由贸易港背景下的非公有制企业党务干部队伍中存在的突出问题是？

3.调查问卷设计的问题是“您认为海南自由贸易港背景下的非公有制企业中党组织在促进企业发展方面的主要渠道有？”提供给被访者的选项是：

A.参与企业决策与管理

B.开展建言献策、技术革新、劳动竞赛等活动

C.参与企业文化建设

D.发挥党员的模范带头作用

E.引导、监督企业依法经营，健康发展

F.凝聚员工积极性支持企业发展

G.其他

被访者的回答如下：

占被调查者总数6%的人员认为，党组织在促进企业发展方面主要表

现是“参与企业决策与管理”；占被调查者总数28%的人员认为，党组织在促进企业发展方面主要表现是“开展建言献策、技术革新、劳动竞赛等活动”；占被调查者总数26%的人员认为，党组织在促进企业发展方面主要表现是“参与企业文化建设”；占被调查者总数19%的人员认为，党组织在促进企业发展方面主要表现是“发挥党员的模范带头作用”；占被调查者总数8%的人员认为，党组织在促进企业发展方面主要表现是“引导、监督企业依法经营，健康发展”；占被调查者总数9%的人员认为，党务干部队伍中突出的问题是“凝聚员工积极性，支持企业发展”，占被调查者总数4%的人员认为，党务干部队伍中突出的问题是“其他”（见图6–14）。

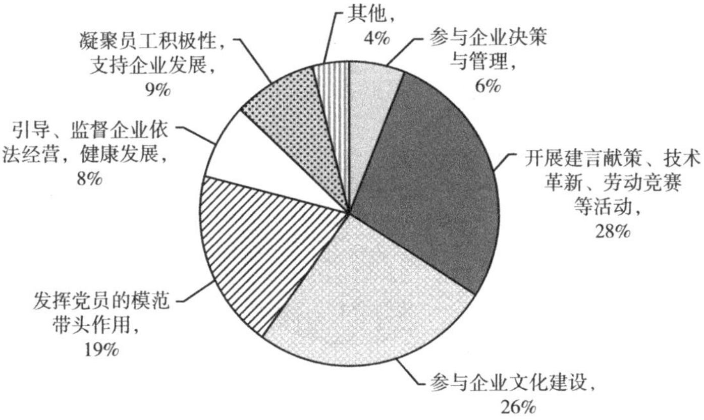

图6–14　您认为海南自由贸易港背景下的非公有制企业中党组织在促进企业发展方面的主要渠道有？

4. 调查问卷设计的问题是“您认为海南自由贸易港背景下的非公有制企业中党组织作用发挥不明显的最主要因素是？”提供给被访者的选项是：

A. 党组织职能定位不明确，党组织活动方式不新颖

B. 党务干部的整体素质不适应新形势新任务的需要

C. 上级党组织对企业党建工作的领导和指导不够

D. 非公有制企业主不支持

E. 其他

被访者的回答如下：

占被调查者总数31%的人员认为，党组织作用发挥不明显的最主要因素是“党组织职能定位不明确，党组织活动方式不新颖”；占被调查者总数26%的人员认为，党组织作用发挥不明显的最主要因素是“党务干部的整体素质不适应新形势新任务的需要”；占被调查者总数18%的人员认为，党组织作用发挥不明显的最主要因素是“上级党组织对企业党建工作的领导和指导不够”；占被调查者总数11%的人员认为，党组织作用发挥不明显的最主要因素是“非公有制企业主不支持”；占被调查者总数14%的人员认为，党组织作用发挥不明显的最主要因素是“其他”（见图6-15）。

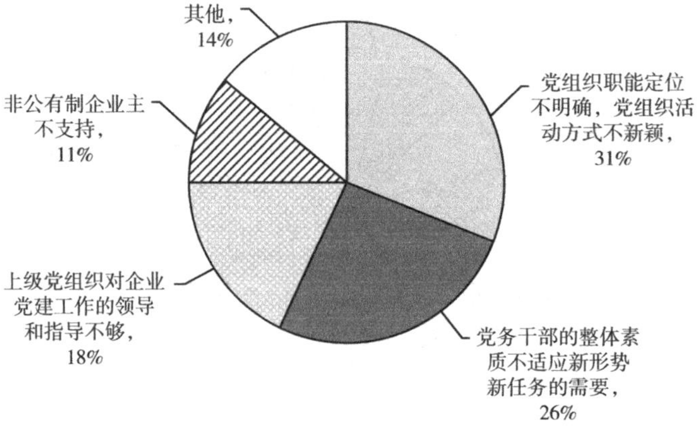

图6-15　您认为海南自由贸易港背景下的非公有制企业中党组织作用发挥不明显的最主要因素是？

5.调查问卷设计的问题是“您认为海南自由贸易港背景下的非公有制企业开展党建工作最主要的保障条件是？”提供给被访者的选项是：

A.有文件对非公有制党建工作作出明确的规定和要求

B.有专项资金对党建工作的支持和投入

C.构建非公有制企业党组织公共服务和活动平台

D.党组织有固定活动场所和时间保障

E.非公有制企业业主对党建工作的大力支持

F.其他

被访者的回答如下：

占被调查者总数18%的人员认为，党建工作的最主要的保障条件是“有文件对非公党建工作作出明确的规定和要求”；占被调查者总数20%的人员认为，党建工作的最主要的保障条件是“有专项资金对党建工作的支持和投入”；占被调查者总数16%的人员认为，党建工作的最主要的保障条件是“构建非公有制企业党组织公共服务和活动平台”；占被调查者总数19%的人员认为，党建工作的最主要的保障条件是“党组织有固定活动场所和时间保障”；占被调查者总数20%的人员认为，党建工作的最主要的保障条件是“非公有制企业主对党建工作的大力支持”；占被调查者总数7%的人员认为，党建工作的最主要的保障条件是“其他”（见图6-16）。

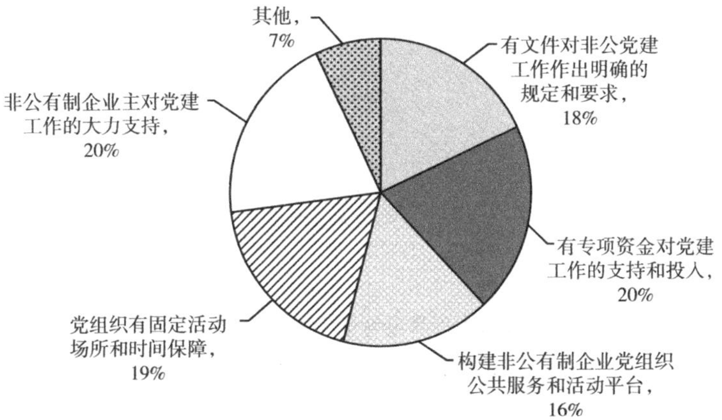

图6-16　您认为海南自由贸易港背景下的非公有制企业开展党建工作最主要的保障条件是?

6.调查问卷设计的问题是“您认为海南自由贸易港背景下的非公有制企业党组织在党的各类规章制度建设和执行情况？”提供给被访者的选项是：

A.制度健全，适合非公有制经济组织特点，落实得好

B.有的制度落实好，有的制度落实差，效果一般

C.制度不符合实际，难以执行，仅流于纸面文件

D.制度不健全，执行差

被访者的回答如下：

占被调查者总数30%的人员认为，党内的各类规章制度建设和执行情况是“制度健全，适合非公有制经济组织特点，落实得好”；占被调查者总数35%的人员认为，党内的各类规章制度建设和执行情况是“有的制度落实好，有的制度落实差，效果一般”；占被调查者总数20%的人员认为，党内的各类规章制度建设和执行情况是“制度不符合实际，难以执行，仅流于纸面文件”；占被调查者总数15%的人员认为，党内的各类规章制度建设和执行情况是“制度不健全，执行差”（见图6-17）。

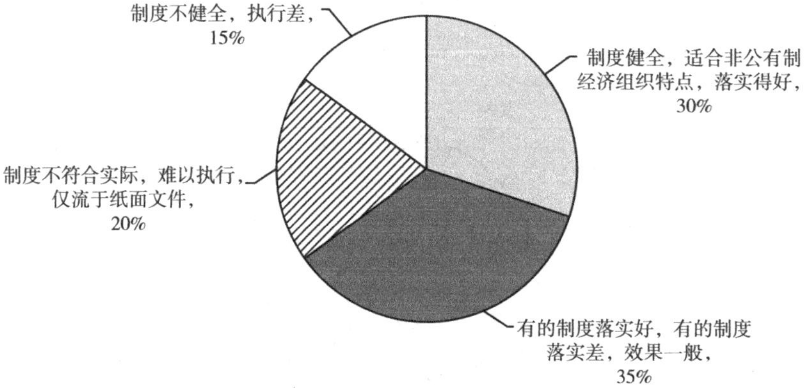

图6-17　您认为海南自由贸易港背景下的非公有制企业党组织在党的各类规章制度建设和执行情况？

6.5　实证研究结果与分析

在加快建设海南自由贸易港的背景下，推动非公有制企业党建工作机制创新，提升基层党组织的组织力，完善基层党组织组织体系，是这一时期非公有制企业党建工作的重要内容。

（1）非公有制企业党建工作总体状况

本次调查结果显示，海南自由贸易港背景下的非公有制企业党建质量总体良好，落实党建工作主体责任效果明显，非公有制企业党建制度进一步得到完善，党建活动载体形式多样，党组织和党员模范带头作用更加凸显。与此同时，海南自由贸易港背景下的非公有制企业党建工作中一些困难也浮现出来。

例如：针对“您认为目前影响海南自由贸易港背景下的非公有制企业党建工作质量提升所面临最主要的困难是什么？”问卷调查结果显示，4个选项备选频率较为均衡（见表6-1），说明海南自由贸易港背景下的非公有制企业党建工作质量提升困难依然十分突出。通过卡方检验，参与非公有制企业党建工作的不同群体对该问题的认识存在显著的差异（P<0.001）。非公有制企业员工多数认为非公有制企业主对党建工作重视不够是党建质量提升最为突出的困难，非公有制企业主则认为党务管理队伍不专业是党建质量提升最为突出的困难，非公有制企业管理层则更多地认为党务工作考评机制不完善和不健全是党建质量提升最为突出的困难。从这个调查结果可得知，海南自由贸易港背景下的非公有制企业党建参与者大多数认为非公有制企业党建工作机制创新是存在困难的，说明海南自由贸易港背景下的非公有制企业党建工作质量提升还有较大的可提升空间。

表6-1　海南自由贸易港背景下的非公有制企业党建问题调查结果

问题：您认为目前影响海南自由贸易港背景下的非公有制企业党建工作质量提升所面临最主要的困难是什么？	频率	百分比	累计百分比
A.非公有制企业主对党建重视不够	31	27.5%	27.5%
B.党务管理队伍不专业	24	21.2%	48.7%
C.党务工作考评机制不完善	32	28.3%	77%
D.不清楚	26	23%	100%
总计	113	100%	

（2）非公有制企业党建工作目标建设状况

非公有制企业党建的目标设定对于非公有制企业党建工作机制创新极为重要，进一步加强了非公有制企业党组织与党员之间的联系。

①非公有制企业参与主体对党组织地位作用发挥认知有待加强。

根据中共中央办公厅印发《关于加强和改进非公有制企业党的建设工作的意见（试行）》文件要求，非公有制企业党组织的地位作用是：在非公有制企业中是战斗堡垒，在非公有制企业职工群众中是政治核心，在非公有制企业发展中起到政治引领作用。但在调查过程中，非公有制企业主正确作答比例为73.2%，非公有制企业管理层正确作答的比例为76.3%，非公有制企业职工群众正确作答的比例为42.5%（见图6-18）。该问题的正确率没有达到期望的预期水平。对该问题的重视程度需要进一步加强。

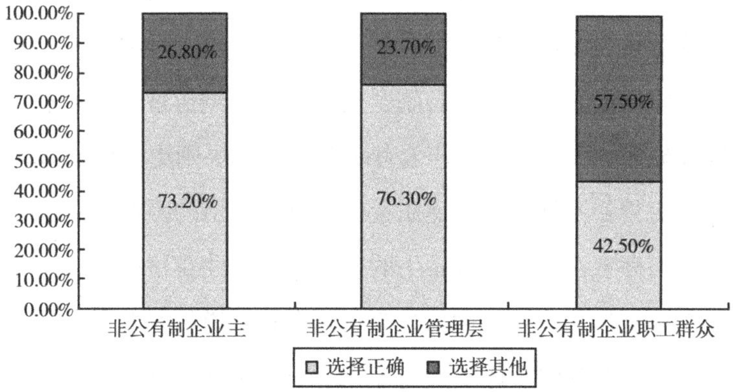

图6-18　非公有制企业党组织地位的调查情况

②非公有制企业党建工作保障机制评价较为积极，局部问题仍然存在。

非公有制企业党建工作保障机制评价如何，事关非公有制企业党建工作机制创新取得实效的重要抓手，进而影响非公有制企业党建质量提升的效度。根据调查，69%的非公有制企业认为“海南自由贸易港背景下的非公有制企业党建工作保障机制已有效落实”（见表6–2），可以看出非公有制企业对党建工作的保障机制落实的评价较为积极。

表6–2　　区域化党建引领的保障工作情况的调查结果

问题：您认为海南自由贸易港背景下的非公有制企业党建工作保障机制落实得如何？	人数	占比
A.已出台加强非公有制企业党建工作的规定和要求	78	69%
B.专项资金对非公有制企业党建工作投入比例不足	11	9.7%
C.非公有制企业主对党建工作支持力度不足	13	11.6%
D.其他	11	9.7%

通过卡方检验得知，不同类型、规模及参与主体的非公有制企业对该问题的认知差异为显著（P<0.05）。经营效益好或者大型的非公有制企业更倾向于认为已出台了关于加强非公有制企业党建工作的规定和要求，小型非公有制企业更倾向于认为专项资金对非公有制企业党建工作投入比例不足，参与非公有制企业党建工作的人员更倾向于认为非公有制企业主对党建工作支持力度不足（见表6–3）。

表6–3　不同类型、规模及参与主体的认知差异交叉分析结果

类型、规模及参与主体	A.已出台了关于加强非公有制企业党建工作的规定和要求	B.专项资金对党建工作投入比例不足	C.非公有制企业主对党建工作支持力度不足	D.其他	总计
A.效益好或者大型非公有制企业	37（32.7%）	12（10.6%）	13（11.5%）	8（7.1%）	70（61.9%）
B.小型非公有制企业	17（15.1%）	3（2.7%）	1（0.9%）	2（1.7%）	23（20.4%）
C.非公有制企业党建工作人员	15（13.4%）	2（1.8%）	2（1.8%）	1（0.9%）	20（17.7%）
总计	69（61.2）	17（15%）	16（14.1%）	11（9.7%）	113（100%）

注：表中数值为各选项的人数与百分比。

③管理者对部分党员不愿意参加党组织活动有着明确分析。

在非公有制企业中开展党建活动是非常必要的，当前要注重党建活动的实效性和实用性。根据调查结果，多数党员及员工对党建活动的现状是比较认可的，但也存在部分党员及员工对党建活动的效果不满意（见表6–4）。

表6–4　党员不愿意参加党组织活动的调查结果

问题：您认为党员不愿意参加党组织活动的主要原因是？	人数	占比
A.内容空洞、枯燥，教育效果差	8	7.1%
B.党组织平时关心、帮助不够，有抵触情绪	5	4.4%
C.参不参加一个样，没有任何要求和约束	9	7.9%
D.其他	5	4.4%

（3）非公有制企业党建工作机制建设状况

①非公有制企业党建工作机制建设的状况对于党建工作质量提升尤为重要。

要实现非公有制企业党建高质量发展，加强党建工作机制建设尤为重要。在“您认为非公有制企业党建工作的各类规章制度建设和执行情况”问题中，认为“非公有制企业参与主体对党建制度健全，适合非公有制企业组织特点，落实得好”的受访者占比较高，为72.6%（见表6–5）。可见，非公有制企业参与主体普遍认为建立党建工作制度并落实是非常重要的。

表6–5　非公有制企业党建工作的各类规章制度建设和执行情况的调查结果

问题：您认为非公有制企业党建工作的各类规章制度建设和执行情况？	人数	占比
A.制度健全，适合非公有制企业的特点，落实得好	82	72.6%
B.有的制度落实得好，有的制度落实效果一般	11	9.7%
C.制度不符合实际，难以执行，仅流于表面	9	7.9%
D.制度不健全，执行差	6	5.4%
E.其他	5	4.4%

②部分非公有制企业党建工作问题相对突出。

从非公有制企业党建工作成效评价来看，目前非公有制企业党建工作存在着党组织定位认识不清、党组织政治功能作用不明确、党组织活动质量不高等突出的问题，61.9% 非公有制企业参与者认为党组织活动质量不高的问题最为突出（见表6–6）。结合“您认为海南自由贸易港背景下非公有制企业党建工作存在最为突出的问题是”的调查结果显示，说明目前部分非公有制企业党建工作面临的突出问题具有重要性和紧迫性。

表6–6　　非公有制企业区域化党建工作存在问题的调查结果

问题：您认为海南自由贸易港背景下非公有制企业党建工作存在最为突出的问题是?	频率	百分比	累计百分比
A.党组织活动质量不高	70	61.9%	61.9%
B.党组织定位认识不清	22	19.4%	81.3%
C.党组织政治功能作用不明确	12	10.6%	91.9%
D.其他	9	8.1%	100%
总计	113	100%	

综上所述，通过对海南自由贸易港背景下的非公有制企业党建工作机制作用的实证分析，发现一些非公有制企业的党组织还存在着党组织定位认识不清、党组织政治功能作用不明确、党员管理有困难、党组织活动质量不高等问题。综合分析来自主体因素、制度因素、环境因素等三个方面的主要原因。

6.6　非公有制企业党建工作机制作用评价

党建工作机制作用发挥是党组织在非公有制企业中发挥政治引领作

用和政治核心作用的重要保障，是新形势下党建工作进行“有效覆盖”和“实效工作开展”的有力支撑。通过对海南自由贸易港背景下的非公有制企业党建工作机制作用问卷调查的实证分析，可以看出，根据不同非公有制企业样本和问卷内容所反映出的问题和原因都有共性。按照这一共性特点，我们可以在非公有制企业中构建出“结构—工作”视角下的组织密度与实效密度的评估体系，目的在于提升非公有制企业党组织的组织力，进而科学地分析出影响党组织组织力提升的因素。由此，我们以基本考核项目和具体指标为主要内容，作为非公有制企业党组织组织力提升评判标准，在“组织覆盖”和“工作覆盖”两大评估体系视角下开展评估工作。

组织覆盖及其基本考核项目与具体指标。2012年3月中央办公厅印发《关于加强和改进非公有制企业党的建设工作的意见（试行）》（下称《意见》），《意见》明确提出“具备建立党组织条件的企业，实现党的组织覆盖；因条件暂不具备尚未建立党组织的企业，实现党的工作覆盖”①。《意见》中党的“组织覆盖”表达了两层含义：一是，非公有制企业中如果有3名正式党员的，且企业环境条件成熟，能够单独开展党组织活动，可以单独成立党支部；二是，各方面条件暂时不具备组建的，需要依托商务楼宇、园区、商圈、文创企业及“小个专”等，可以合并组建联合党支部。目的就是确保所有符合与暂不符合条件的非公有制企业建立党支部或者联合党支部，都能够在党的政策指引健康稳定发展。组织覆盖的基本考核项目有组织覆盖率、单独组建率和党员增长率等；具体考核指标包括：党委数量、支部数量、党员数量、入党积极分子数量、党务工作者数量和党组织健全程度等。

工作覆盖及其基本考核项目与具体指标。《意见》同时指出：“对未建立党组织的非公有制企业，可通过选派党建工作指导员、确定党建工

① 中共中央办公厅.关于加强和改进非公有制企业党的建设工作的意见（试行）[N].人民网，2012-05-24.

作联络员、建立工会和共青团组织等方式，积极开展党的工作，推动企业建立党组织。对兼并重组的企业，注意保持党的工作连续性，妥善做好职工群众的分流安置和思想稳定工作。积极协调有关职能部门，推动党的政策进企业、政府服务进企业、先进文化进企业。”[①]这里提出了党的工作覆盖表达了三层含义：一是，党组织覆盖尚未嵌入到非公有制企业的情况下，实际的党建工作要落实覆盖到。二是，党组织能覆盖到并能嵌入到非公有制企业的情况下，党建工作开展需要以服务非公有制企业的经营业务为目的。三是，非公有制企业党组织需要承担起宣传和执行党的路线、方针、政策，领导群团组织，组织、动员、凝聚和服务群众等工作。具体而言，工作覆盖的基本考核项目有领导工作实现程度、创建工作实现程度和常规工作完成率等；具体考核指标包括党会、党组织活动台账、民主议事决策落实、党员教育与管理、党建+、党费收缴、党员发展、联系服务群众等。

① 中共中央办公厅.关于加强和改进非公有制企业党的建设工作的意见（试行）［N］.人民网，2012-05-24.

第7章 自贸港背景下的非公有制企业党建工作机制制约因素及质量评估

党的十九届四中全会指出："坚持和完善党的领导制度体系，提高党科学执政、民主执政、依法执政水平。"[①]坚持党的集中统一领导，是确保国家各个领域各个方面各个环节始终沿着社会主义方向前进的重要保障。可以说，党的领导制度的完善是非公有制企业党建工作机制创新的制度依据，是提升党组织组织力的有力支撑。我们要厘清影响海南自由贸易港背景下的非公有制企业党建工作机制的制约因素以及构建质量评估体系，坚持问题导向，对症下药，获得实际效果，实现海南自由贸易港背景下的非公有制企业健康稳定发展。

7.1　非公有制企业党建工作机制存在的问题

为什么要在非公有制企业中开展党建工作机制创新？从实践上看，非公有制企业党建工作机制创新可以提高党的执政能力（辅佐经营管理）、保持和发展党的先进性、深入开展党风廉政建设和反腐败斗争。海南自由贸易港背景下的非公有制企业开展党建工作机制创新的过程中，也存在着许多方面的问题，根据不同类型的非公有制企业内部情况，表现出来的问题也有较大差异，呈现的主要问题就是"两张皮"（见图 7-1）。具体来看，海南自由贸易港背景下的非公有制企业在党建工作机制方面主要存在着对党组织定位认识不清、党组织政治功能作用不明确、党员管理有困难、党组织活动质量不高等问题。

① 习近平. 党的十九届四中全会公报［N］. 人民网，2019-11-01.

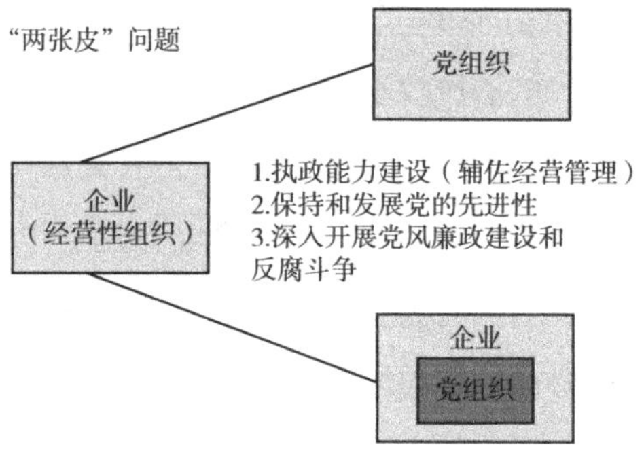

图7-1 "两张皮"问题

7.1.1 党员发展机制受到限制

非公有制企业党员发展中的数量和质量都难以保证。根据建设海南自由贸易港的实际调研发现，非公有制企业受发展党员方针政策变化的影响，其发展党员名额受到较大限制，有的非公有制企业每年能有1—2个名额或者是没有名额，有的非公有制企业甚至两三年才有一个发展名额，这在客观上造成了对一些非公有制企业同志入党积极性的打击。同时，在一些有条件发展党员的非公有制企业中，入党积极分子的个人素质也是参差不齐，使得非公有制企业在发展党员时，难以确保发展的党员符合"政治过硬、作风优良、业务精湛"这样的高标准，最后只能退而求其次，这就造成了发展的党员难以保证质量的问题，发展党员数量有限、质量不高，导致成立的党组织存在着先天性缺陷，其未来的成长和发展也因此受到限制。在实际的工作中，还存在着"被动上岗"担任非公有制企业党建联络员的职责，但在工作上却达不到把党建工作进行经验总结、对外宣传及推广的能力要求，非公有制企业党建工作中顶层设计趋于表浅化、碎片化，这也是影响非公有制企业党建工作机制创新一个重要问题。

7.1.2　党组织政治功能作用发挥不明确

改革开放使得非公有制经济重新崭露头角并得到快速的发展，非公有制经济在加快建设海南自由贸易港中发挥着重要的作用。为此，非公有制企业党建工作被进一步加强，非公有制企业党组织数量进一步提升，党组织在非公有制企业的覆盖面进一步扩大，然而非公有制企业党组织政治功能的作用发挥却显得有些滞后，现有的非公有制企业党建工作的机制大多数还是照搬原有体制内的或非公有制企业沿用下来的党建模式、机制来开展具体的工作，这样容易造成非公有制企业现有的党建工作机制不能很好地适应海南自由贸易港发展的要求，对党组织的定位认识不清，呈现非公有制企业党建工作体制机制融合性差的特点。根据实际调研发现，在一些非公有制企业中从事党务工作的人员，并不能清晰地区分企业工会、妇联、共青团等组织与党组织在功能和性质上有何区别；一些非公有制企业的党组织也并非主动建立起来，而是在上级要求下建立的，从而造成了非公有制企业党组织无法真正认识到开展党建工作的目的与作用，出现了一部分非公有制企业党组织不知如何有效地开展党建活动，未能发挥在非公有制企业中的政治引领作用和在非公有制企业员工中的政治核心作用，使非公有制企业党组织真正运转起来；一些非公有制企业考评机制方法相对滞后，与企业自身发展的特点不相适应，针对性不强，特别是对选拔出的党务干部没有规范的考评制度，极易造成党务工作者敷衍了事；一些非公有制经济人士对党组织存在误解，甚至担心企业内部建立起党支部会对自身利益造成损害，党组织的发展壮大会使企业主权威在企业中降低，党组织频繁开展党建活动会降低企业的生产工作效率等。因此，就容易造成了党组织在非公有制企业中活动受到限制，党组织的政治功能无法得到有效的发挥。

7.1.3 党员接收管理机制不完善

海南自由贸易港的建设如火如荼，海南非公有制经济加速“蝶变”，撑起海南经济的半壁江山。由于海南自由贸易港背景下的非公有制企业发展迅速，使得非公有制企业的党员流动性极强，对流动党员的管理问题是当前提高非公有制企业党建工作机制创新能力的一大难题，这个问题亟须解决。对于非公有制企业而言，从业者流动性大造成了非公有制企业党员难以管理的问题。根据调研显示，一些原有的党员到非公有制企业中参加工作以后，由于工作流动性大的特点或者党员身份在工作中没发挥什么作用等问题，不愿意将组织关系转入现有的单位，产生了一部分“口袋党员”和“隐形党员”；一些在非公有制企业中发展的党员，在其变换工作单位以后，存在着无法找到组织关系接收单位的现象，产生了一批“三不党员”，造成了其组织关系在原单位，但实际上人却在现单位的管理难题现象。在加快建设海南自由贸易港和现代企业制度的背景下，行业与行业间的流动性加剧，工作变换频率加快，党员的流动性也更加频繁，原有的组织管理模式已经不能适应海南自由贸易港建设发展的需要，已经成为影响非公有制企业党建工作机制创新的又一突出问题。

7.1.4 党组织开展活动的质量难以保证

在非公有制企业中开展严肃认真的党内政治生活，是我们党的优良传统和独特优势，也是新时代提升党建工作机制创新能力的重要抓手。2015年以来，党中央相继出台《中国共产党统一战线工作条例（试行）》《关于新形势下党内政治生活的若干准则》《中国共产党支部工作条例（试行）》《关于加强和改进城市基层党的建设工作的意见》《关于营造企业家健康成长环境弘扬优秀企业家精神更好发挥企业家作用的意见》和《关于促进民营经济发展壮大的意见》等文件，海南省基层党组织开展党的组织生活的质量明显提高。然而，非公有制企业党组织在这一方面还存在着较为明显的不足。根据调研显示，非公有制企业党组织开展党的组织活动存在着内容枯燥、重复以及形式单一的问题；“三会一课”和党内民主生活会的落实情况也不尽规范。目前来看，大部分非公有制企业党组织开展的活动还停留在理论学习、读书看报、开会交流以及组织比赛等传统形式上，不能根据时代进步而丰富党组织的活动，党内政治生活不能根据时代发展而及时进行创新。同时，通过理论学习、读书看报、开会交流以及组织比赛的形式学习党的路线、方针、政策，已经难以吸引年轻党员，对党的政策解读有些企业停留于照本宣科，不能很好地贴近企业生产生活的实际，也让部分党员同志学习的兴趣得不到满足。党组织活动开展效果差、党内政治生活质量不高，直接影响着非公有制企业党组织的党建工作质量，成为当前非公有制企业党建工作机制创新的又一阻力。

7.2　非公有制企业党建工作机制存在问题的原因

进入新时代，在全面建设社会主义现代化国家的进程中，把“两个毫不动摇”写入新时代坚持和发展中国特色社会主义的基本方略，作为坚持和完善社会主义基本经济制度的重要保障，从而为实现非公有制企业党建工作“有效覆盖”和“实效工作开展”指明了方向。当前，海南自由贸易港的各项工作都面临着新的机遇和挑战，在海南自由贸易港背景下的非公有制企业党建工作尚处于探索发展阶段，影响海南自由贸易港背景下的非公有制企业党建工作机制作用发挥的原因是多方面的，在不同存在形式非公有制企业内部也有很大差异，但综合分析来看主要是非公有制企业党建工作在参与主体、体制机制、社会环境等方面还存在一定的不足，因此也影响了非公有制企业党建质量的进一步提升。

7.2.1　党建参与主体的理念不清晰

非公有制企业党建工作的有效实施是依靠现实中的人而展开的。可以说，坚持和加强党的建设，推进非公有制企业质量建党，提升非公有制企业党建工作机制创新的能力，最直接的一个影响因素是人，人的主观意识在很大程度上能够决定非公有制企业党建工作能否有效顺利地开展。就非公有制企业而言，参与主体更多地关注企业的经营效益，非公有制企业对党建的工作只是按一般性任务进行落实，对于非公有制企业党建理论创新及有效开展的关注度并不高，在实践中把党建融入非公有制企业发展的效果不明显，尤其是非公有制企业主或者党组织负责人对“抓党建、促生产”的理念还是停留在做表面工作，更别说对党建理论创新的再思考。

从非公有制企业内部来看，目前的非公有制企业主或者党组织负责人对于党建引领非公有制企业经营管理还缺乏相应的科学认识。部分非公有制企业主或者党组织负责人一般都是兼职做党务工作，对于已出现的党建理论创新可以有效推动非公有制企业的发展不是那么关注或者认可，还是停留在传统的党建思想观念之上，在思想观念上没有搞清楚“非公有制企业党建是什么”“为什么党建能够引领非公有制企业高质量发展”以及“如何推进党建引领非公有制企业高质量发展”等重要问题。在他们的思想观念中往往认为已经在企业中开展了党建工作，而且党建工作就是完成上级组织部门交代的政治任务，党建工作没必要费时费力进行创新，没有充分认识到新形势下党建工作要不断的创新，才能适应企业发展的需求，党建才能更加有效地引领和推动企业的发展。

从非公有制企业外部来看，海南自由贸易港背景下的非公有制企业参与主体更多地关注市场变化以及海南自由贸易港政策所带来的机遇和挑战，特别是在一些国家单边主义、贸易保护主义抬头的情况下，非公有制经济的发展更是举步维艰，对于“可有可无”的党建工作，非公有制企业参与主体不愿意把更多的时间和精力花费在此项工作之上。与此同时，中外合资的非公有制企业在逆全球化的背景下受到了一定的影响，企业中难免会出现代表着西方普世价值的政治理念，极其容易误导在社会主义市场经济条件下的非公有制企业依靠党的政策逐渐发展壮大的事实与认识，致使党建引领非公有制企业高质量发展的理念不能深入。

7.2.2　党建相关制度有待完善

非公有制企业党建制度创新是在原有的党建制度基础之上的理论及实践创新。在推进党建制度创新的过程中，必须使相应的党建制度及政策能有效实施，才能保障非公有制企业党建工作不走样、起效果。就目前的总体情况来看，党建相关制度的创新缺乏有效实施，已成为制约非公有制企业党建高质量发展的重要因素。

一方面，在推进非公有制企业党建高质量发展的过程中，虽然党建制度及意见也在不断更新和实施，例如：2018年11月1日，习近平总书记召开了企业家座谈会并发表了重要讲话，强调要加强非公有制企业党建工作的重要性，为非公有制企业党建工作机制创新提供了根本的遵循。近年来，海南省委及相关职能部门也相应制定了不少规范性文件，且不断强调在海南加快建设自由贸易港的背景下，加强非公有制企业党建工作至关重要，并相继出台了《关于坚持以党建引领海南自由贸易港建设的意见》《关于加强全省非公有制经济组织和社会组织党组织管理体制机制建设的意见（试行）》以及《海南省园区党建工作实施办法（试行）》等文件。但是，还是会出现一些地方主管部门制定的党建制度及意见滞后于海南自由贸易港背景下的非公有制企业发展的现状，或者在制定党建制度及意见的过程中为了保证其原则性和方向性不偏离，非公有制企业党建制度的制定者或多或少都抱有“上面如何说，咱就如何做”的心理暗示，却忽略了党建制度要与地方的特色进行有效结合。这样一来，造成了只要不犯原则性错误就行，至于党建工作机制能否创新或者实现党建工作高质量发展，能否解决非公有制企业党建工作中出现的新问题，这已不是企业关注的重点内容了。另一方面，虽然中央已经制定了不少规范性文件，且不断强调加强非公有制企业党建工作的重要性，由于非公有制企业归属于体制之外，企业的性质决定了非公有制企业党建参与者具有流动性和兼职性的特点，它的人、财、物等生存资源主要源于市场而非体制，由于非公有制企业从制度上相对独立于现有体制，他们的思想还是存在着“重效益、重影响、轻党建”的观念，然而党建工作又是一个延续性很强的业务工作，非公有制企业参与者没有一定党建工作基础，要想把党建工作干出成效，进而对党建工作质量进行提升也是不现实的，这就使非公有制企业党建的工作质量和成效难以考核，考核结果的应用更是难上加难。

7.2.3 党建的社会环境氛围有待营造

这里所说的社会环境氛围主要指非公有制企业开展党建工作机制创新的环境。近年来海南省的市、区、镇及街道等各级党委对非公有制企业党建的资源投入在不断加大，非公有制企业党建也取得了突出成绩，由于社会环境的变迁及其非公有制企业自身特点所带来的问题也是显而易见的。

从海南省非公有制企业党建工作机制创新的实践来看，非公有制企业参与党建工作机制创新的积极性，通常会呈现由高到低的变化趋势。从根本上讲，主要在于从机关、事业、国企单位中延续而来的体制化党建模式，难以适应非公有制企业党建工作的现实需要，从而影响了非公有制企业党建创新行为的有效性。一方面，因为非公有制企业在参与党建活动的过程中容易产生付出多获得感少的体验，大多非公有制企业基于成本和收益考量，进而造成缺乏党建工作机制创新的动力。这样一来，最初非公有制企业是乐于借助党建平台引领企业发展，参与到党建活动当中，以提高非公有制企业在社会上的影响力，增强非公有制企业员工的凝聚力，但参与一段时间之后，发现非公有制企业参与党建活动存在范围的有限性，互动主体的重复率高，以及活动内容的模式化等现象，使得非公有制企业参与党建活动的积极性就呈现下降趋势，并最终将参与党建活动初衷变成应付上面的检查，容易滋生反感情绪。另一方面，非公有制企业是社会主义市场经济的产物，是社会环境变迁的结果，它的重要特点就是盈利性、流动性和不稳定性。就非公有制企业本身而言，生存时间有长有短，有些非公有制企业可能会随着时间的推移而消失，这既不利于发展党员时对个人的考察，也不利于非公有制企业党组织开展党建及相关活动的延续性。正因盈利性、流动性和不稳定性的特点，“口袋党员”“地下党员”“隐形党员”等在非公有制企业中是比较多见的现象。一些非公有制企业的党建工作，为了迎合上级组织部门的检查选择应付而流于形式，更谈不上党建工作机制创新了。因此，若要确保非公有制企业党组织能够积极、有效地参与党建工作，并且能够充分发挥非公有制企业参与的效力，就需要营造“党建强、企业强”的社会环境氛围，从党建工作服务企业中心工作的机制创新上下一番功夫。

7.3 非公有制企业党建工作机制的质量评估

非公有制企业的蓬勃发展得益于社会主义市场经济，非公有制企业靠效益而生存，时刻处于竞争之中。与政府机关、事业单位和国有及集体企业都有所不同，其特点在于，产权属于非公有制、政治氛围相对薄弱、就业人员的流动性较强、企业主或职业经理人对非公有制企业的生产经营、劳资报酬和人事安排等具有完全自主的决定权。因此，海南自由贸易港背景下的非公有制企业党建工作就有其自身独特的特点。主要表现在：一是，尽管党中央对非公有制企业党组织的作用、职责做过明确规定，但实际操作过程中，由于受非公有制企业产权关系的影响，非公有制企业党组织明显处于弱势地位。特别是在那些企业主或职业经理人不是党员的非公有制企业中，对党建工作的开展就表现得不那么积极，甚至出现党建工作很难开展的问题。二是，非公有制企业党员、员工流动性大是其一大特点，也是党建工作机制作用发挥的难点所在。三是，非公有制企业党建的经费、时间、场所很多都相当缺乏，没有保障。非公有制企业党建工作的特点，都影响了非公有制企业党建工作机制创新的积极性，成为推动非公有制企业党建工作机制创新所面临的难题。为此，上级党组织必须要根据非公有制企业党建工作的特点，提出明确的参考指标，使非公有制企业党务工作者对标对表，有的放矢。同时也能够使上级党组织对非公有制企业党建工作质量和建党成效做出合理评价。总体来看，为了有效发挥非公有制企业党建工作机制作用，针对海南自由贸易港背景下的非公有制企业党建工作进行质量评估，设计出海南自由贸易港背景下的非公有制企业党建质量的评估指标体系，有助于推进非公有制企业党建工作机制路径科学谋划，主要包括以下三个方面。

7.3.1　结构性指标

结构性指标，在党建质量评估中起着基础性作用。它主要涉及两个层面：一是党组织的架构，包括非公有制企业党支部的数量、党支部成员的年龄结构、性别结构、学历水平、支部设置方式、书记任职的稳定性等；二是党员结构，包括非公有制企业党员数量占所在企业职工总数的比例，党员的年龄结构、性别结构、教育水平、流动党员的数量等。结构性指标属静态测评，主要通过对党组织和党员的自身情况进行分析，来观测非公有制企业党的建设工作的实际状况。

7.3.2　过程性指标

过程性指标，在党建工作质量评估中起着关键性作用。它主要涉及两个层面：一是内部过程，包括“三会一课”按时开展、组织生活拥有良好纪律、党委委员清楚自身职责、定期吸纳发展党员、定期缴纳党费等；二是外部过程，意指非公有制企业党组织与群众的关系如何。主要包括是否主动了解普通职工需求、是否主动为企业发展服务、是否主动协助化解企业矛盾、是否主动为普通职工提供帮助等。非公有制企业党建工作机制发挥作用的主要途径就是开展对内和对外的活动，因此，对这两部分活动过程的考察可以直观反映出其党建质量好坏。过程性指标属动态测评范畴，主要通过观测非公有制企业党组织对内和对外的运转过程，来检验党建工作机制作用发挥情况，进而对非公有制企业党组织的建设质量工作进行综合评估。

7.3.3 文化性指标

文化性指标，在党建质量评估中起着支撑性作用。它主要是指非公有制企业党组织在成长发展过程中，在党组织内部形成的党内政治文化，和在企业内形成的企业文化氛围。文化性指标的测评主要分为党内政治文化和企业文化两个层面。党内政治文化包括党内民主是否得以践行、党内政治生活是否正常、党内纪律是否得到遵守、领导干部是否自觉接受监督等。企业文化包括工作态度是否认真负责、和企业是否有休戚与共的感觉、诚信奉献等精神是否为人所信奉、人际关系是否和谐有序等。文化性指标相对于结构性指标和过程性指标而言，属于“软指标”，但是其在影响党建工作机制作用发挥上是至关重要的，通过测评非公有制企业的党内文化和党外文化发展状况，能有效衡量非公有制企业党组织建设质量的整体情况（见表7-1）。

表7-1　非公有制企业党建质量评估指标体系（拟）

序号	一级指标	二级指标	三级指标
1	结构	党员结构	党员数量
2		党群比例	
3		年龄结构	
4		性别结构	
5		教育水平	
6		流动党员比例	
7		组织架构	支部数量
8		组织成员年龄结构	
9		组织成员性别结构	
10		组织成员教育水平	
11		支部设置方式	
12		可支配资源	经济收入

续表

序号	一级指标	二级指标	三级指标
13		党建经费	
14		阵地化	
15	过程	内部过程	党员发展的规范性
16		三会一课参会率	
17		民主生活会的质量	
18		党务公开规范性时效性	
19		党费收缴情况	
20		奖惩机制的公平性	
21		党员权利的保障	
22		党员义务的履行	
23	外部过程	增强理论引领	
24		深入了解职工情况	
25		主动化解矛盾纠纷	
26		积极服务职工需求	
27		协调组织多元关系	
28	文化	党内文化	理想信念坚定程度
29		积极向上的价值观情况	
30		消极落后的价值观情况	
31		社会文化企业对党组织的信任度	
32		对党组织书记的信任度	
33		对党组织其他成员的信任度	
34		对普通党员的认可度	

第8章 自贸港背景下的非公有制企业党建工作创新机制的路径研究

党的十九届四中全会指出："要毫不动摇巩固和发展公有制经济，毫不动摇鼓励、支持、引导非公有制经济发展，坚持按劳分配为主体、多种分配方式并存，加快完善社会主义市场经济体制，完善科技创新体制机制，建设更高水平开放型经济新体制。"[①]创新体制机制是非公有制企业健康发展的重要手段，是党建工作顺利开展的重要保障。抓好非公有制企业党建机制创新工作，能够为非公有制企业的发展提供强大的动力。俗话说："抓党建就是抓发展，抓发展必须抓党建，党建就是生产力，抓好党建促生产。"这是非公有制企业做大做强最佳途径。非公有制企业党的建设工作机制创新是伴随着非公有制企业党建工作对实践经验认识而逐步深化开展的。从整体来看，可以从党建常规工作、党建融合工作、党建深植化工作三个层次逐渐深入展开党建机制创新（见图8–1）。具体操作层面，本章总结了海南自贸港背景下不同存在形式的非公有制企业党建工作主要实践经验，按照商务楼宇、园区、商圈、文创以及"小个专"五种存在形式的非公有制企业类型进行党建工作机制创新研究。

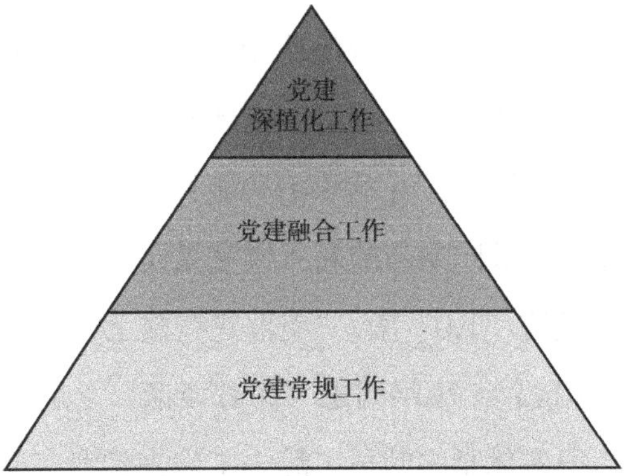

图8–1　开展党建机制创新的三个层次

① 习近平. 党的十九届四中全会公报［N］. 人民网，2019–11–01.

8.1 商务楼宇党建工作的创新机制

海南省是中国最大的经济特区、最大的自由贸易试验区和唯一的中国特色自由贸易港，商务楼宇逐渐成为海南省各市县的重要经济形态和城市名片，海南省商务楼宇党建工作经历从“1.0”版到“2.0”版再到“3.0”版的发展过程，立足于海南省各市县城市基层党建工作格局，突出“区域化、立体式、枢纽型”三位一体商务楼宇党建工作模式。商务楼宇党建工作是海南自由贸易港探索符合对外开放新高地城市特点和规律的城市基层党建新路的重要领域和鲜明标志。

8.1.1 商务楼宇党建工作的主要实践经验

海南商务楼宇以区域化大党建为引领，以商务楼宇党组织为依托，以党建工作指导站为枢纽，以突出政治功能、拓展服务功能为路径，以信息化技术和专职党群工作者队伍为保障，构建商务楼宇党建与社区党建、单位党建、行业党建有机融合，党的政治功能和服务功能全面提升，区域内各类组织、党员和群众共同参与的商务楼宇党建工作体系。

(1) 商务楼宇党建“1.0”版:“支部建在楼上”

自20世纪90年代起，小平同志“南方谈话”之后，全国掀起了一波“下海”的浪潮，很多体制内的员工辞去工作来到海南创业经商，商务楼宇经济在海南悄然崛起，各幢楼宇中集聚了大量不同行业、不同规模的非公有制企业和其他入驻单位，其中有许多白领党员、学生党员，还包括组织关系在外地的流动党员，如何加强这些商务楼宇中的党员组织教育管理成为海南经济社会发展无法回避的问题。

1988年2月，海南省最高层现代化商务楼宇——海口国际金融大厦落成开张营业。随着海南建省、建特区的发展，海口国际金融大厦入驻的企业和从业人员数快速增长，党员不断增多，出现党组织建立难、开展党的活动难、党员教育管理难等情况，在所属的海口国际金融大厦率先探索成立了由3名流动党员组成的“海口国际金融大厦联合党支部”，成为全省具有规模的依托商务楼宇这个经济单元建立的，不依托单位行政体制，跨地区、跨行业、跨所有制的基层党组织，这一做法后来简称为“支部建在楼上”。

（2）商务楼宇党建“2.0”版：“党建+服务”

20世纪90年代，海南省在改革开放的浪潮中探索发展，1993年海南省政府报告——建立和完善社会主义市场经济新体制加快海南经济特区开放和开发步伐，并要求尽快制定《全民所有制工业企业转换经营机制条例》，为以后的海南商务楼宇经济的发展奠定了重要的基础。面对商务楼宇经济的出现，相关职能部门对商务楼宇党建工作的责任体系、组织设置、党员管理、工作队伍建设等方面提出了指导性意见，明确要求全市各县区商务楼宇按照属地管理的要求，通过建立楼宇党组织，设立党员服务点，选派党建联络员等方式，加强对楼宇党员的组织、教育、管理和服务。21世纪初，海口市国贸片区针对区域内商务楼宇林立、白领群体众多的情况，在国贸大院开辟了几百平方米的专用活动空间，成立了民办非企业机构“白领驿家”——党建活动中心，通过社会化、项目化运作方式“组织白领、服务白领、凝聚白领、服务社会”，创新了“党建+服务”的商务楼宇党建工作新模式，即针对商务楼宇党员群众高学历、高收入、年轻化的特点，通过政府搭台、社会参与，提供有效的服务来凝聚引领楼宇内的党员群众，从而提升党建工作实效。

（3）商务楼宇党建“3.0版”的初步探索：区域化、立体式、枢纽型

2017年7月，全国城市基层党建工作经验交流座谈会在上海召开，时任中组部部长赵乐际在讲话中指出“扩大商务楼宇、各类园区、商圈市场、互联网业等新兴领域党建覆盖”①。“楼宇是竖起来的园区，把一座商务楼宇视为一个单位建立党的组织”。以三亚市为例：2019年11月，“中铁置业广场楼宇党委”成立，这是三亚市第一个城市中心综合体，也三亚市第一个楼宇党支部的诞生地，同时“党群服务中心”也正式投入使用，标志着三亚商务楼宇党建迈入了新时代。海南商务楼宇党建“创新实践、凝聚引领，努力开创城市楼宇党建3.0版”的理念也逐渐形成，以“金领驿站”的做法为理念，主要做法包括打造综合型党建阵地、突出政治引领、升级服务功能，构建条块结合、区域联动、齐抓共管的工作格局，使商务楼宇党建作用充分惠及各类企业、党员和员工。省委组织部、省市场监督管理局党委经过对商务楼宇党建工作的认真研究、分析，认为在城市基层党建工作会议召开之后，海南商务楼宇党建应在继承基层实践成果的基础上，进一步推动商务楼宇党建理念升级、功能升级、效果升级，即打造海南商务楼宇党建“3.0”版。

8.1.2 商务楼宇党建工作机制的创新路径

海南省商务楼宇经济的建设，与海南省商务楼宇党建的引领密不可分，也决定了海南自由贸易港的未来发展的潜力。习近平总书记强调要在加强基层党建工作上下功夫、多探索、走在前，推动新时代商务楼宇党建高质量发展。

（1）加强党组织的职能定位机制

商务楼宇党组织应由街道党工委建立或委派，一方面统筹协调商务

① 赵乐际.全国城市基层党建工作经验交流座谈会［Z］.上海政务，2017-07-09.

楼宇内各类组织在党的领导下开展活动；另一方面负责对商务楼宇内没有独立党组织的单位进行党建工作兜底管理。一是，商务楼宇内入驻单位根据属地、属资、属业等不同形式，按照街道党工委要求做好统筹协调和兜底，上级部门在一些特殊事项上要给予支撑或者特事特办的权限；二是受委派的商务楼宇党组织，要区分好与街道党工委的职能边界，明确职能定位，发挥职能作用，成为可以依赖的党组织。

（2）完善指导站的设置方式和运作机制

一是，通过沟通设立站点，打通物业产权方为外资或港澳台资，进而获得物业方的配合；二是，加大对社会力量人员工作能力的培训，特别是街道、乡镇人员的培训力度，提高专业人员对站点维护管理的能力；三是，扩大对周边商务楼宇白领党员群体的辐射带动作用，完善高端商务楼宇出入证进出大楼制度，为党员活动带来便利。

（3）建立健全党建功能与服务功能机制

完善商务楼宇党建工作的引领服务功能，突出党的政治功能。在实际的操作中，要发挥好商务楼宇服务功能，在业务学习和企业治理过程中提供学习平台，特别是在健身、文艺、交友类等服务项目上，发挥党组织的凝聚力，亮好党建标识，为群众服务。

（4）加大和完善骨干人才队伍人员的培养机制

优秀的商务楼宇党组织书记或站点负责人是开展好商务楼宇党建工作的重要前提，但全省基层优秀党务工作者缺口较大，在各市县中心城区队伍稳定性又相对差，常常会出现好不容易物色和培养的骨干人员突然离职的情况，对于商务楼宇党建工作开展的延续性和有效性有一定的影响。有条件的企业可以从社会招聘一些具有党务工作经验的人员或返聘党政机关退休的党务干部从事商务楼宇党建工作。

8.2 园区党建工作的创新机制

近年来，海南省各类园区，特别是13个重点园区纷纷乘上建设海南自由贸易港政策的快车，既有经济发展的速度，也有党建工作的高度，园区把旅游业、现代服务业、高新技术产业和热带特色高效农业等行业的技术优势转化为党建工作优势，通过实施个性化、精准化的服务，让党建工作更有活力、凝聚力，让园区更有生机。

8.2.1 园区党建工作的主要实践经验

党的十八大以来，党中央高度重视园区非公有制企业党建工作。时任中组部部长赵乐际同志指出，加强非公有制企业党建工作，重心是以园区为龙头，扩大党的组织和党的工作有效覆盖。中组部专门就国家级和省级园区非公有制企业党建工作情况进行摸底排查。近年来，海南省以园区的发展带动产业的发展，海南省园区的数量和面积都得到了大幅的提升，所以此次调研主要集中于国家级和省级园区。截至2022年年底，“海南省现有产业园区24个，包括13个重点园区和11个省级园区。”[①]其中，13个重点园区包括洋浦经济开发区、东方临港产业园区、临高金牌港开发区、博鳌乐城国际医疗旅游先行区、海口江东新区、海口国家高新技术产业开发区、海口综合保税区、三亚崖州湾科技城、三亚中央商务区、文昌国际航天城、海南陵水黎安国际教育创新试验区、海南自由贸易港生态软件园和

① 合作“园”动力 共赢新未来［N］. 海南日报，2023-04-23.

海口复兴城互联网信息产业园。以洋浦经济开发区为例，集装箱码头单日吞吐量一年一个台阶，“从2021年7月28日突破单日6000标准箱，到2022年5月20日突破单日7000标准箱，再到2023年3月10日突破单日8000标准箱”①，洋浦经济开发区一片开放、繁忙、火热景象。

海南省的13个重点园区，已经成为海南自由贸易港政策的主要承载地、先行先试的“孵化器”、经济活动的主战场。截至2022年年底，数据显示：“13个自贸港重点园区累计完成投资1261.5亿元，实现营收超过1.8万亿元、同比增长31.6%，以不到2%的土地面积贡献了全省超三成的投资和超五成的税收。”②《2021海南民营企业100强分析报告》数据显示：“100强民营企业中，有40家注册地分布于省内7个重点园区中，从业人员总数29780人，较上年增长13301人，同比大幅增长80.72%。”

海南省园区作为非公有制企业集聚、就业人群集聚、各类人才集聚，是党的建设的重要阵地，加强园区非公有制企业党建对于推动海南省非公有制企业党建具有重要示范作用。海南省24个省级以上园区都建立了专司党建工作的机构，建立了党建工作指导站，还配有区域性党群服务中心和相当数量的党建工作指导员。设立经济技术开发区、高新技术产业开发区、综合保税区、生态园区等各类园区，在加快建设海南自由贸易港中发挥着重要的作用。海南省各类园区集聚了大量中高级管理人才和专业技术人员，其中有不少行业领军人物。园区一般管理机构健全、地域边界清晰、服务资源汇集、联系企业紧密，依托园区抓非公有制企业党建，能够抓得住、抓得实，起到事半功倍的效果。可以说，抓好园区，就抓住了非公有制企业党建的“牛鼻子”。

海南省园区处在稳增长调结构促改革的主战场，抓园区非公有制企业党建是组织工作服务经济社会发展大局的重要体现。目前，园区已成为

---

①② 积聚新动能 推动新发展［N］. 海南日报，2023-04-05.

加快建设海南自由贸易港的重要引擎、体制机制创新的重要基地，成为产业技术集聚区、创新发展示范区、转型升级先行区。园区内的90%以上是非公有制企业，抓好园区非公有制企业党建工作，把党的政治优势、组织优势、群众工作优势转化为园区和企业的管理优势、竞争优势和发展优势，对引导和促进非公有制企业健康发展，作出加快建设海南自由贸易港的园区贡献。

8.2.2 园区党建工作机制的创新路径

园区作为海南自由贸港产业发展的主要载体、重要的经济增长极、高端人才的集聚地和产城融合发展的重要引擎，加强和改进园区党的建设工作，对引领园区高质量发展，促进劳动关系和谐，吸引凝聚人才，巩固党的执政基础，具有十分重要的意义。

（1）建立健全党建工作领导和管理体制

一是，明确园区党建工作领导责任主体。按照“谁主管、谁负责”和“条块结合、以块为主”的原则，由所在区域的党组织或上级主管部门党组织承担对园区党建工作领导责任。二是，落实行业主管部门对园区党建工作的支持和指导。落实各工作党委、政府部门和相关行业党组织对园区党建工作的服务、指导和规划责任。三是，建立园区党建工作协调机制。建立由市委组织部牵头抓总，相关责任部门参加的海南省园区党建工作联席会议制度，定期召开会议，加强工作交流，协调突出问题，统筹园区党建工作。

（2）全面统筹园区基层党建工作协调发展机制

一方面，构建区域化党建工作格局。园区党组织要积极开展党建联建，统筹园区内的组织设置、队伍建设、活动开展、阵地建设、经费安排。另一方面，加大园区非公有制企业党建“双覆盖”工作力度。引导非公有制企业出资人对建立企业党组织、开展党建工作提供支持。

（3）完善园区党建工作保障机制

一是，强化队伍保障。加强园区专职党务干部队伍建设，园区党委或园区综合党委应有专职领导干部负责党建工作。二是，提供场所保障。要坚持以用为本，建好园区党群活动阵地。三是，落实经费保障。要拓宽来源渠道，完善和落实经费保障制度。四是，探索“互联网+党建”的党建信息化建设。积极倡导利用网络手段开展活动，探索开展园区“互联网+党建”“智慧党建”“数字党建”工作，积极打造线上线下党员之家。

（4）健全园区党建工作服务机制

一是，健全服务群众工作机制。建立党组织联系服务职工群众制度，把握职工群众思想动态，参与化解劳资矛盾，关心服务职工群众，帮助解决实际困难。二是，健全凝聚服务人才机制。畅通服务沟通渠道，在思想上引导、组织上关怀、生活上关心、事业上激励，多方位开展为园区各类人才服务的工作。三是，健全党员教育管理服务机制。加大在生产一线职工、专业技术骨干及经营管理人员中发展党员的工作力度，注意培养发展符合条件的企业出资人入党。

8.3　商圈党建工作的创新机制

海南正在努力成为新时代改革开放的示范，对于商圈在发挥公共治理空间的作用非常重视，例如：加速集聚现代服业的发展，提升商贸商务区的服务功能等。商圈作为基层党建工作的新领域，加强商圈市场党建工作的机制创新，对于当前加快经济社会转型升级和城市化进程有着至关重要的作用，有助于引领商圈市场诚信经营、繁荣发展，激发社会主义市场经济活力。

8.3.1 商圈党建工作的主要实践经验

海南省多年来在加强商圈市场党建工作的路径上，围绕商圈市场繁荣发展的目标，打破行政区域的分割及行政管理的各自为政，整合社会资源和党建工作要素，扩大组织覆盖面，优化组织设置，形成行业联合，区域整合的党建工作模式，从而在更好满足广大人民群众对美好生活的需求，进一步提升基层党组织的组织力，在巩固党的执政基础上发挥了积极作用。

（1）注重扩大覆盖，组织脉络体系“清晰化”

近年来，在海南省委的领导下，省委组织联合其他相关职能部门，不断加强新兴领域党的工作。尤其针对商圈市场的不断繁荣发展，积极探索和完善商圈市场党组织的设置模式，扩大组织覆盖，建立党建工作体系。按照“组织共建、工作共进、活动共创”的目标，同步推进商圈市场内群众性团体建设，根据商圈市场的特点建立工会、妇联、共青团群众组织，形成以党组织为核心，党、工、团、妇联动共建，共同推进党建的工作新局面。

（2）注重载体创新，党员作用发挥“显性化”

近年来，商圈市场经营主体显现出复杂性和党员分散性的特点，需要突破传统以企业单位为主体的垂直封闭的党员教育管理模式，大胆创新活动载体，才能最大限度地发挥党组织和党员的凝聚力和战斗力。根据党员的分布、特长和志愿，结合商圈市场需求，分类组建党员志愿服务队，号召党员亮身份、见行动、比奉献、树形象，积极开展党员责任区、党员奉献岗、党员奉献日等活动，组织党员参与扶贫助学、结对帮困等各项社会公益活动，展示商圈市场党员引领职工、共促繁荣的先锋形象，为商圈市场营造争先创优、诚信经营的氛围，增强党的工作活力。

（3）注重强本固基，工作运行机制“规范化”

在坚持“三会一课”制度、党员民主评议制度、发展党员等规章制度的基础上，积极探索形式多样的党员教育管理方式。在党员教育上突出针对性，针对商圈党员分布散、工作时间各异的实际，按照“小型、分散、实用”原则，积极探索微型党课、网上课堂、菜单式教育等多种学习形式，科学配置技术类、服务类、管理类专题实务党课，并以流动党课进公司、党课直通车进商铺、LED 屏滚动播放等形式，将党务知识、时政要闻传送到每个商家、每个党员。

8.3.2　商圈党建工作机制的创新路径

商圈作为海南省商业成熟片区经济发展和社会治理的标杆区域，重视在商圈中开展党建工作机制创新，对于“打响海南离岛免税购物，加快建设国际旅游消费中心”，推进自由贸易港“三化”建设，都具有重大而深远的意义。

（1）健全和完善商圈市场党建工作组织机制

一是，建立健全组织部门工作设置。建立非公有制企业党建工作部门与工商部门联动机制，明确非公有制企业党建工作办公室，配齐配强专兼职工作人员，建立健全党建工作联席会、教育培训、督查指导、考核评比等工作制度，强化工作力量。二是，加强组织信息化管理。积极推进非公有制企业年报制度，借助“双随机检查”党建数据比对，通过“大走访、大落实”等活动，进一步摸清商圈市场党组织及党员基本情况，加快建立党建工作信息库，加强动态管理。三是，加强和推动区域互联互动沟通机制。各区非公有制企业党建工作部门要积极协调街道社区、驻区单位、行业协会党组织，做好对商圈市场发展的政策扶持、环境治理和治安维护等综合服务工作，解决商圈市场生产经营中遇到的困难和问题。

（2）建立健全商圈市场党组织服务机制

一是，强化诚信服务。坚持党组织活动与商圈市场发展紧密结合，充分发挥工商职能，在商标注册、消费维权、品牌帮扶等方面，为商户提供精准高效服务。二是，密切联系服务群众。商圈市场党组织要把促进和谐作为加强基层治理的重要任务，深入了解、密切关注商户职工思想状况和实际需求，帮助协调各方利益、理顺职工情绪、化解劳资矛盾，努力构建和谐劳动关系。三是，发挥先进文化服务功能。坚持用先进文化引领人、教育人、感召人，大力弘扬社会主义核心价值观，深入开展精神文明创建，组织开展丰富多彩的文化活动，营造积极向上的文化氛围。

（3）建立和完善商圈市场的组织机制

一是，着力加强党务工作者队伍建设。选优配强商圈市场党组织负责人，注重选拔党性观念强、热爱党务工作、善于做群众工作的复合型人才担任党组织书记。二是，从严抓好党员教育管理。认真做好党员发展工作，始终把政治标准放在首位，注重把小微企业法人、经营户、业务技术骨干、管理人员培养成党员。三是，线上线下相结合的党建运行机制。区分“有形”和“无形”市场的特点抓好党建工作。对“有形”市场，要充分发挥党的组织优势，着力开展党员“亮身份、亮职责、亮承诺”主题活动，使“实践先进、展示形象”成为广大党员的价值追求和自觉行动。对“无形”市场，即“电商”，要注重运用现代信息技术创新党建工作，推广“互联网+党建”“智慧党建”“数字党建”等做法，探索建立网上党组织，积极运用QQ、微信、微博、抖音等新媒体组织党员活动，把单向教育培训与双向互动结合起来、线下教育动员与线上线下交流结合起来，增强感染力吸引力。

8.4　文创企业党建工作的创新机制

海南省文创企业发展迅速，得益于互联网、IT、金融、娱乐传媒和电信及增值业务的发展。近年来，海南文创产业大致聚焦在图书、动漫、创意、工艺和民俗等多方面展开，开发了一系列具有较高辨识度、体现本地特色的文创产品，涉及领域五花八门、文创企业各施所长。海南省规模以上文化及相关产业数据统计显示："2023年一季度，文化企业实现营业收入332.08亿元，比上年同期增长14.6%。其中按区域划分，海口经济圈地区实现营业收入218.35亿元，比上年增长6.5%；三亚经济圈80.48亿元，增长57.23%；儋洋经济圈32.96亿元，下降1.4%；滨海城市带330.96亿元，增长14.47%；中部生态保育区1.09亿元，增长69.65%。"[①]文创企业创办形式灵活、发展速度快、影响范围广，与传统产业形成了鲜明的对比。在实践中，要加强文创企业政治引导，挖掘新兴产业中的新生力量，确保文创企业发展不偏离。

8.4.1　文创企业党建工作的主要实践经验

海南省各级党建工作部门在推进文创企业党建工作中，以全覆盖为基础，以有效性为目标，以强保障为抓手，以服务群众为要求，以构筑区域性党建格局为依托，依靠各级党政组织和工青妇等群众团体，一手抓党组织组建，一手抓工作关系梳理，探索研究在高流变性市场环境下，加强

① 2023年一季度海南规模以上文化及相关产业企业营业收入增长14.6%［N］.海南统计微讯，2023-06-06.

文创企业党组织建设的有效方式和途径，不断扩大党的组织覆盖面和影响力。

（1）对聚集在创意园区和商务楼宇中的文创企业，依托区域化大党建，通过园区和楼宇党建实现覆盖

海南在20世纪末就试行了“支部建在楼上”的组织设置形式，拓宽了“支部建在连上”的内涵，对不具备独立建立党组织的非公有制企业如何实现党的组织覆盖作出了有益的实践探索。此后，能够覆盖多家非公有制企业的“楼宇支部”“园区支部”“商贸市场支部”等如雨后春笋般相继建立。大量文创企业经营场所大多集聚在商务楼宇和创意园区中，如位于海口龙华区复兴城党群服务中心，采用了“321”阶梯式统筹开展党建工作，只要有3名以上正式党员的就组建党支部，有2名党员就委派党建指导员，有1名党员或流动党员的就挂靠区域党委。

（2）对无组织或无单位的文创企业党员工作者，依托行业协会进行属条管理

由于文创企业从业人员中有相当一部分是创业个体，以个人工作室、自由职业人的形式开展业务，海南实践探索了通过行业连条，即通过文化创意相关行业协会的党组织把这其中党员组织起来。如市级演艺工作者联合会建立了面向行业和社会的开放型党支部，吸纳自由职业演员中的党员转入组织关系。同时组建海口市“文艺两新”工作站，把广大文艺工作者党员、群众团结凝聚在党旗下。

（3）对于跨多种属性的文创企业，在推进党建过程中根据企业特点开展分类指导

大部分文创企业在行业属性上与其他行业有很大的融合，最为典型的就是一些文创企业同时又是互联网企业。因此，在这种行业交叉状态下，大量文创企业作为另一种行业身份纳入党建工作的推进范畴中。如三亚崖州湾科技城的新落户企业，既是中外文化创意企业又是典

型的合资企业，在海南建设自由贸易港的背景下，共同探讨国际文化交流、全球涉及产业、国家社区综合配套等，并将文创企业纳入党建分类指导。

8.4.2　文创企业党建工作机制的创新路径

随着建设海南自由贸易港的步伐加快，文化创意企业作为新兴业态正在蓬勃发展，未来将会成为海南省经济的重要支柱性产业之一。因此，今后的很长一段时间仍会有大量的文创企业诞生，随着人才在这一领域的集聚，党员数量也会不断增加。海南省文化创意企业的蓬勃发展，为城市基层党建和社会治理提出了新的要求，各级党建责任部门要进一步统一思想，充分认识加强文化创意企业党的建设的重要性，推进文创企业党建工作更上一个台阶。

（1）加强和完善文创企业思想建设机制

从基层党建和意识形态工作来看，要高度关注文创企业的产品溢出效应，抓住思想引领、政治一致、价值宣扬、舆论导向等关键环节，积极创造健康向上的思想政治氛围，在潜移默化中影响、教育、引导文创企业增强政治敏感性和政治鉴别力，自觉生产弘扬主旋律，传播正能量，努力推出有思想、有温度、有品质的文化产品。

（2）加强部门与部门之间联动、评定合作机制

党建部门要与文创办、各级市场监管等部门形成合力，在推进文创企业产业发展的同时同步推动文创企业的党建工作。一是建立信息联动机制，将文创企业发展集聚的情况互联互通，做到工作对象底数清；二是在相关文创企业产业扶持项目申报和文创园区评定过程中把党建工作情况作为审核评定的条件之一，形成重视党建工作的良好氛围；三是抓好重点企业，对于行业知名度高、体量大的文创企业，要能够形成多方工作合力，

让这批企业能够率先建立党组织并发挥龙头带建作用。同时也要发挥行业主管部门的作用，加强行业规范和指导。

(3) 重点加强文创园区党建阵地枢纽功能机制

按照把党组织建在最活跃的神经末梢的要求，推动文创企业党建应该先从抓好文创企业集聚的区域开始。从海南省文创企业产业发展的情况来看，文创园区是文创企业最为集聚的地方。要普遍建立文创园区党组织，通过独立建、联合建等方式，加大对文创企业的覆盖力度。注重对文创园区的资源配送，有条件的园区应该在园区内部设置固定的党建阵地和服务站点，没有条件的也要在周边区域建立相应的配套场所。同时，还应选优配强文创园区党组织书记，有条件的可以由上级党组织选派，并按一定比例配备专职党群工作者和党建指导员，对于建立初期的文创园区党组织，上级党组织要加强服务指导，确保其运转正常，推进“两个覆盖”作用的发挥。

(4) 加强和发挥文创企业党组织活动激励机制

有效的组织活动是扩展党组织影响的重要载体和平台。要在坚持“业余、小型、灵活”原则的基础上，注重活动内容和活动形式的创新。一是要组织活动内容上的多样化和针对性相结合。要根据形势的发展，不断丰富和更新组织活动内容，增强活动内容的时代感和内涵性。同时，还要加强组织活动内容设置上的针对性，立足于文创党员的实际情况和现实需要，结合群团活动，融入文体元素，增强吸引力。二是要组织活动形式上的虚与实相结合。克服一味强调网络化的极端倾向，实现“线上”与“线下”、“虚拟”与“现实”的有机结合。既要充分发挥网络化、信息化手段便捷、即时、高效的特点，又要尊重传统组织活动手段的优势，通过面对面的交流和互动，加深了解、凝聚共识，不断提高党组织的内聚力。

8.5 “小个专”党建工作的创新机制

海南省历来都非常重视“小微企业、个体工商户、专业市场（以下简称‘小个专’）”的发展，“小个专”已成为海南省市场的重要主体，海南省作为我国RCEP政策的先行先试区，对于激发市场活力发挥着重要的作用，这一政策的先行先试对于“小个专”有很强的吸引力，为“小个专”成长和发展提供了良好的营商环境。

8.5.1 “小个专”党建工作的主要实践经验

根据海南省“小个专”的特点，在城市基层党建的工作框架下和非公有制企业党建的工作格局下，出台15条措施促进个体私营经济高质量发展，在推进“小个专”“两个覆盖”和创新组织生活方式方面进行了持续的实践探索，形成了一些行之有效的经验做法。

（1）获得“小个专”支持和信任是加强“小个专”党建工作的关键

如何使党组织和党建工作得到“小个专”经济人士的认可，是海南自由贸易港实践中一直在探索的课题。一方面，通过上级党组织帮助“小个专”党组织开展党建工作，“小个专”党组织围绕其经营生产活动开展党建工作，以及通过公益慈善活动开展党建工作获得“小个专”的认可和支持。如上级党组织运用自身的行政资源和沟通平台帮助“小个专”解决发展经营上的难题，为非公有制企业党组织争取“小个专”的理解支持、发挥作用创造条件。又如“小个专”比较看中能否得到相关政策的支持，市场监管部门充分发挥组织优势、职能优势以及群众工作优势，从关怀职工群众到鼓励党员参与社会公益，积极探索新时代“小个专”党建工作的新路子，凝聚“小个专”党建合力。另一方面，重视团结引领“小个专”经济人士，通过选树典型扩大影响力。如在开展非公有制企业党建之友评选活动中，充分关注评选对象中“小个专”经济人士的名额比重，对能够支持党建工作的优先考虑，并通过典型宣传扩大影响力，推动更多“小个专”经济人士参与并接纳支持党建工作。

（2）健全“公转带自转”机制，做实“双覆盖”的资源支撑

两个发力、资源整合、“公转带自转”是非公有制企业党建可持续发展的重要保障，“小个专”党建尤其需要。“小个专”依托商务楼宇、各类园区以及商圈等这些“小个专”大量驻扎的区域中实施“聚力工程”，探索以“市场监管局+个私协会+群团组织+行业协会”的共融共建模式，聚集多方合力，在与机关党建共创共育的基础上，将“小个专”党建融入“一支部一品牌”的党建品牌建设活动中去，结合机关各支部职能特色，激发和提升“小个专”党建工作活力，在与青年商会党团共建的基础上，联合团省委、团各县市委打造“青商开放日”活动品牌，在思想最活跃的青年企业家群体中发挥组织优势、组织力量，筑牢“小个专”党建基础，共同促进“小个专”党建工作。同时，提升党建工作的成效和水平，并加强对暂不具备单独建党组织条件的规模小、变化大、党员人数少且流动分散的“小个专”的工作覆盖，为了解决党建资源不足问题，依托街道乡镇党建服务中心为“小个专”党组织提供各种服务和资源支撑。

（3）利用线上平台开展党务活动，使党建工作充满生机和活力

“小个专”党员年龄轻、学历高、知识新、接受新事物能力强，普遍掌握现代信息技术，网上党建、掌上党建是“小个专”党建的自觉要求和必然趋势。海南省近年来积极实践探索现代化信息技术在“小个专”党建领域的应用，充分利用现代网络资源，创新开展了网上组织生活的方式方法，为“小个专”党员提供了一个不受时间、空间限制、随时随地都能参

与组织生活的网上学习交流的平台。

8.5.2 “小个专”党建工作机制的创新路径

“小个专”在建设海南自由贸易港的实践中有着十分重要的地位，其巨大的经济体量和庞大的就业容量，决定了我们必须高度重视“小个专”党的建设工作，确保党在这一领域的有效存在。

（1）建立健全“小个专”及相关人员的思想认识机制

一是要提高“小个专”出资人对加强自身党建的认识。开展好“小个专”党建工作的关键，是抓好“小个专”出资人的工作，如果他们抵触和排斥，“小个专”党建工作会很难开展。因此，必须提高他们的思想认识，注重教育引导，这就要求加强与“小个专”出资人的沟通，建立健全“小个专”出资人教育培训机制，不断提升“小个专”出资人对党建工作的认识及支持力度。要让“小个专”出资人明确知道开展党建工作的目的，是要引领和服务“小个专”高质量发展，而不是要控制“小个专”，要破除部分“小个专”出资人将党建工作与经营活动脱离的错误观念，消除“小个专”出资人在这些方面的顾虑。二是要提高市场监管部门的思想认识。一些市场监管部门担心，在“小个专”建立党组织或联合党支部，会影响到本地“小个专”投资积极性，担心抓党建“冲淡中心工作”，导致业务重视程度不够，责任落实不力。要提高市场监管部门对“党建是最大的政绩”这一要求的深刻认识，明确应当将党建工作和地方经济工作置于同等重要的位置。三是要提高党务工作者的认识。部分党务工作者对“小个专”党建工作重要性的认识不到位，认为“小个专”不是党建工作的重点领域，要把重点放在上市的非公有制企业，不必花太大力气。因此，要加强对党务工作者的教育培训，促使其明确树立“两个覆盖”的思想观念，使其明确“小个专”不是党建工作的“飞地”，可以脱离党的政治引领。

同时，注重社会氛围的营造，利用各种舆论媒体，让广大党员群众知其然，也知其所以然，引导形成正确的社会价值判断。

（2）加强“小个专”党建融合发展机制

“小个专”是党的建设的重要领域，有其独特性。但是，“小个专”党的建设不应当是孤立的，而应当融入区域化党建整体格局当中，这是加强“小个专”党的建设的重要路径。从人事管理角度来看，人力资源机构吸纳“小个专”党员有其历史原因和管理上的优势。但从海南省近几年来区域化党建的探索来看，要实现党建资源对“小个专”的有效覆盖，必须强化顶层设计，建立统一完善的“小个专”党建工作机制，构建党委组织部门（“两新”工委）牵头抓总、市场监管部门指导推动、属地街道社区具体落实的“小个专”党建工作统一领导体制。强化“小个专”党建属地化和“小个专”党员管理属地化，消除“小个专”党建覆盖的盲点和空白点，覆盖“失联党员”和“口袋党员”。强化以市场监管部门为依托的“小个专”党建指导体系，建立上下贯通的“小个专”党建指导机构，在各级财政预算中列支专门的“小个专”党建工作经费，确保“小个专”党建指导工作能够一竿子插到底。在操作过程中，应当注意工作方法，充分尊重党员的意愿，可以通过双重组织生活的方式，引导党员先融入工作所在地区域化党建，等条件成熟再转接组织关系，避免搞一刀切。

（3）加强市场监管部门与相关职能部门联合联动机制

“小个专”党建普遍面临的一个问题，就是“组织难”，即党的组织和活动难以把“小个专”组织起来。由于“小个专”党员流动性大，一些“小个专”党组织时常出现党员人数“朝增暮减”的情况，对于市场监管部门来说，增加了开展“小个专”党建工作的难度。市场监管部门是配合同级党委组织部门开展“小个专”党建工作的业务部门，在实践中并没有具体可参照的规定，使得如何配合、不缺位、不失为变得模糊起来。此外，在具体开展的“小个专”党建业务中，“小个专”党组织的党务工作、党员发展工作、考核评定工作等如何分工、由谁负责难以界定，易导致九龙治水、各自为政，出现“好事抢着管、难事推不管”的现象。这就要求充分发挥各相关职能等部门的优势作用，加强这些部门的联合联动：首先，在注册“小个专”时，将开展党建工作甚至建立党的组织，作为企业章程的重要前置条件。要从源头环节入手，建立部门联动机制，让产业和党建同步立项、同步推进，使“小个专”方方面面协调发展，提前消除分歧，达成共识。其次，加大党建工作宣传力度，大力宣传开展“小个专”党建的目的意义，宣传党组织对“小个专”发展的促进、支持和保障作用，做好“小个专”的引导、说服和解释工作。最后，对于“小个专”集聚的区域，要在党建工作责任考核体系上进行系统设计，把“小个专”党建作为党建基础工作的重点难点，纳入班子和干部考评体系。

参考文献

（一）重要文献

［1］马克思恩格斯文集（第1–10卷）［M］.北京：人民出版社，2009.

［2］马克思恩格斯选集（第1–4卷）［M］.北京：人民出版社，2012.

［3］列宁选集（第1–4卷）［M］.北京：人民出版社，2012.

［4］列宁全集（第24卷）［M］.北京：人民出版社，1984.

［5］列宁全集（第40卷）［M］.北京：人民出版社，1986.

［6］毛泽东选集（第1–4卷）［M］.北京：人民出版社，1991.

［7］建国以来毛泽东文稿（第6卷）［M］.北京：中央文献出版社，1992.

［8］刘少奇选集（上卷）［M］.北京：人民出版社，1985.

［9］刘少奇论党的建设［M］.北京：中央文献出版社，2001.

［10］陈云文选（第1–3卷）［M］.北京：人民出版社，1995.

［11］邓小平文选（第1–2卷，第3卷）［M］.北京：人民出版社，1994，1993.

［12］江泽民.江泽民文选（第1–3卷）［M］.北京：人民出版社，2006.

［13］胡锦涛.胡锦涛文选（第1–3卷）［M］.北京：人民出版社，2016.

［14］习近平.习近平谈治国理政（第1卷，第2卷，第3卷，第4卷）［M］.北京：外文出版社，2018，2017，2020，2022.

［15］习近平.在全国组织工作会议上的讲话［N］.人民网，2018-07-04.

［16］习近平.在民营企业座谈会上的讲话［N］.人民网，2018-11-01.

［17］习近平.党的十九届四中全会公报［N］.人民网，2019-11-01.

［18］中共中央文献研究室.三中全会以来重要文献选编（上、下）［M］.北京：中央文献出版社，2011.

［19］中共中央文献研究室.十二大以来重要文献选编（上、中、下）［M］.北京：中央文献出版社，2011.

［20］中共中央文献研究室.十三大以来重要文献选编（上、中、下）［M］.北京：中央文献出版社，2011.

［21］中共中央文献研究室.十四大以来重要文献选编（上、中、下）［M］.北京：中央文献出版社，2011.

［22］中共中央文献研究室.十五大以来重要文献选编（上、中、下）［M］.北京：中央文献出版社，2011.

［23］中共中央文献研究室.十六大以来重要文献选编（上、中、下）［M］.北京：中央文献出版社，2011.

［24］中共中央文献研究室.十七大以来重要文献选编（上、中、下）［M］.北京：中央文献出版社，2013.

［25］中共中央文献研究室.十八大以来重要文献选编（上、中、下）［M］.北京：中央文献出版社，2019.

［26］中共中央文献研究室.十九大以来重要文献选编（上、中、下）［M］.北京：中央文献出版社，2023.

［27］习近平.高举中国特色社会主义伟大旗帜 为全面建设社会主义现代化国家而团结奋斗［M］.北京：人民出版社，2022.

（二）年鉴报告

［1］《中国私营经济年鉴》编辑委员会.中国私营经济年鉴（1978—

1993）［M］.北京：香港经济导报社，1994.

［2］中华全国工商业联合会.香港经济导报社，中国民（私）营经济研究会联合编辑.中国私营经济年鉴［M］.北京：香港经济导报社，1994.

［3］中华全国工商业联合会，香港经济导报社，中国民（私）营经济研究会联合编辑.中国私营经济年鉴1996［M］.北京：中华工商联合出版社，1996.

［4］中华全国工商业联合会，中国民（私）营经济研究会，中国私营经济年鉴1997—1999［M］.北京：华文出版社，2000.

［5］中华全国工商业联合会，中国民（私）营经济研究会，中国私营经济年鉴2000—2001［M］.北京：中华工商联合出版社，2003.

［6］中华全国工商业联合会，中国民（私）营经济研究会，中国私营经济年鉴2002—2004［M］.北京：中国致公出版社，2005.

［7］中华全国工商业联合会，中国民（私）营经济研究会，中国私营经济年鉴2004—2006［M］.北京：中华工商联合出版社，2007.

［8］中华全国工商业联合会，中国民（私）营经济研究会，中国私营经济年鉴2006.6—2008.6［M］.北京：中华工商联合出版社，2009.

［9］中华全国工商业联合会，中国民（私）营经济研究会，中国私营经济年鉴2008.6—2010.6［M］.北京：中华工商联合出版社，2011.

［10］中华全国工商业联合会，中国民（私）营经济研究会，中国私营经济年鉴2010.6—2012.6［M］.北京：中华工商联合出版社，2013.

［11］国家统计局.上海统计年鉴（2019）［M］.北京：中国统计出版社，2019.

［12］国家统计局.中国统计年鉴（2020）［M］.北京：中国统计出版社，2020.

［13］国家统计局.中国统计年鉴（2022）［M］.北京：中国统计出版

社，2022.

［14］高云龙.中国民营经济发展报告（2020—2021）［M］.北京：中华工商联合出版社，2022.

（三）相关专著

［1］邱观建.非公有制企业党的建设研究［M］.湖北：湖北人民出版社，2008.

［2］吴江.非公有制企业劳资关系研究——以广东为例［M］.北京：经济科学出版社，2008.

［3］侯长安.非公有制企业党的建设［M］.北京：党建读物出版社，2010.

［4］鲁月棉.非公经济组织党建实证研究——上海市宝山区“红帆工程”的经验与启示［M］.上海：上海三联书店，2009.

［5］傅桃生.非公有制经济组织党建工作理论研究［M］.北京：人民出版社，2003.

［6］戴焰军.严肃党内政治生活十二讲［M］.广州：广东人民出版社，2017.

［7］本书编写组.全面从严治党永远在路上［M］.北京：国家行政学院出版社，2016.

［8］黄群慧，等.世界一流企业管理：理论与实践［M］.北京：经济管理出版社，2019.

［9］本书编写组.非公有制企业党的建设［M］.北京：党建读物出版社，2009.

［10］厉以宁，单忠东.风物长宜放眼量——“非公经济36条”落实情况区域调查［M］.北京：经济科学出版社，2008.

［11］陈安金，林孟清.非公有制企业党建工作的理论与实践［M］.

北京：中央文献出版社，2004.

［12］陈家喜.改革时期中国民营企业家的政治影响［M］.重庆：重庆出版社，2007.

［13］冯波，高慧燃.非公有制企业党建研究［M］.北京：中国传媒大学出版社，2012.

［14］王韶兴.政党政治论［M］.济南：山东人民出版社，2011.

［15］王长江.政党政治原理［M］.北京：中共中央党校出版社，2009.

［16］王长江.现代政党执政规律研究［M］.上海：上海人民出版社，2002.

［17］王长江.中国政治文明视野下的党的执政能力建设［M］.上海：上海人民出版社，2005.

［18］王长江.政党危机——国外政党运行机制研究［M］.北京：改革出版社，1996.

［19］徐晨光.执政能力与执政基础［M］.长沙：湖南人民出版社，2005.

［20］唐君，辛易.国外政党执政镜鉴［M］.杭州：浙江人民出版社，2005.

［21］李冉.中国共产党政党文化研究［M］.上海：复旦大学出版社，2009.

［22］高国舫.新经济社会组织党建研究［M］.北京：中共中央党校出版社，2006.

［23］红旗出版社课题组.中国非公有制企业党建创新研究［M］.北京：红旗出版社，2013.

［24］胡林辉，金钊.社区和非公有制企业党建工作手册［M］.北京：人民出版社，2008.

［25］胡林辉. 私营企业党的建设理论与实践［M］. 北京：人民出版社，2002.

［26］李锡炎. 非公有制企业党建与领导管理创新——泸州公交党建科学化案例研究［M］. 北京：人民出版社，2013.

［27］李幼林. 充满活力的热土：金桥开发区党建创新研究［M］. 上海：华东理工大学出版社，2011.

［28］龙斯钊. 非公有制经济组织党支部建设［M］. 北京：红旗出版社，2006.

［29］邱素琴，吴志浩. 现代企业党的建设［M］. 上海：上海人民出版社，2011.

［30］全国党的建设研究会非公有制经济组织党建研究会专业委员会. 非公有制企业党建研究年度报告（2016）［M］. 北京：红旗出版社，2016.

［31］桑玉成，李宝令. 浦东新区开发区党建工作之道［M］. 上海：上海东方出版中心，2011.

［32］舒永久，何宇，等. 非公有制经济组织党建比较研究——以四川省为例［M］. 成都：西南财经大学出版社，2014.

［33］王河. 中国非公有制企业党建工作［M］. 上海：上海人民出版社，2003.

［34］王世谊. 非公有制经济组织党建运行机制研究——以江苏省为例［M］. 北京：中国社会科学出版社，2014.

［35］张诺夫. 新形势下非公有制企业党建研究［M］. 杭州：浙江工商大学出版社，2015.

［36］张永明. 非公有制经济组织党建科学化研究［M］. 杭州：浙江大学出版社，2011.

［37］中共浙江省委党校全面从严治党研究中心主编. 新时期浙江省基

层党建创新理论与实践［M］.杭州：浙江工商大学出版社，2020.

［38］曲庆彪，李玉珂，苑晓杰.企业社会责任与社会和谐发展问题研究［M］.北京：人民出版社，2019.

（四）报纸、期刊及论文

［1］程连升.组织力就是战斗力［N］.人民日报，2021-11-30（018）.

［2］郑吉峰.不断提升基层党组织的组织力［N］.湖南日报，2018-10-21（003）.

［3］颜世东.推动基层党组织全面进步全面过硬［N］.人民日报，2022-03-25（014）.

［4］唐闻声.提升组织力创造新业绩［N］.人民法院报，2018-08-29（008）.

［5］乾正峰.提升组织力厚植党的执政基础［N］.新疆日报（汉），2018-06-07（011）.

［6］李峰.围绕“五大引领”提升组织力［N］.遵义日报，2017-11-29（005）.

［7］王琦.以提升组织力为重点，把企业基层党组织建设成坚强的战斗堡垒［N］.中国船舶报，2018-10-12（007）.

［8］张欣.以组织力激活新动力［N］.中国组织人事报，2018-01-12（006）.

［9］黄宪昱.引领新时代增强组织力不断提高基层党的建设质量［N］.学习时报，2018-06-18（008）.

［10］曹正汉.从借红帽子到建立党委——温州民营大企业的成长道路及组织结构之演变［J］.中国制度变迁的案例研究，2006（1）.

［11］曹正汉.中国上下分治的治理体制及其稳定机制［J］.社会学研究，2011（1）.

[12] 常胜.非公有制企业党建合法性探究 [J].理论月刊，2013 (9).

[13] 赵晓峰.党建工作对企业文化建设的促进作用分析 [J].山西青年，2017 (21).

[14] 姜荣萍.从构建和谐劳资关系入手解决民营企业人员流失问题 [J].企业活力，2016 (19).

[15] 董海荣.浅析企业党建与企业文化的相互促进作用 [J].引文版：工程技术，2015 (25).

[16] 冯玉龙.企业党建对企业发展的作用分析 [J].东方企业文化，2015 (13).

[17] 沈丽丽.党建工作助推非公有制企业文化建设：动因、方向与路径 [J].中共太原市委党校学报，2016 (1).

[18] 高国舫.非公党建发展第三波——非公党建引领非公有制企业文化 [J].长白学刊，2013 (3).

[19] 毛传清，胡焕文.非公有制企业党建与企业文化认同的双向契合 [J].学习月刊，2016 (10).

[20] 张莺.非公有制企业党组织有效发挥“两个作用”的思考 [J].学理论，2014 (34).

[21] 陈光金.从精英循环到精英复制——中国私营企业主阶层形成的主体机制的演变 [J].学习与探索，2005 (1).

[22] 陈剩勇，马斌.温州民间商会：自主治理的制度分析——温州服装商会的典型研究 [J].管理世界，2004 (12).

[23] 顾千红.浅谈企业文化与党建、思想政治工作的关系 [J].中国电力教育，2013 (27).

[24] 薛集银.如何利用企业党建工作提升文化软实力构建 [J].现代国企研究，2017 (14).

[25] 吴志洁，张娟娟.非公有制企业党建工作的“四个依托”[J].上海党史与党建，2010（3）.

[26] 曹胜亮，靳文.组织力视角下基层党建引领社区治理的实现逻辑——基于华中E市鼓楼街道的实证经验 [J].江西师范大学学报（哲学社会科学版），2022（01）.

[27] 陈家刚.党内法规视角下的基层党组织组织力建设 [J].江汉论坛，2022（01）.

[28] 柯绍清，周家彬.论中国共产党基层组织力的强化逻辑 [J].思想战线，2022（01）.

[29] 项久雨，张晓骏.新时代基层党组织组织力提升与政治功能的实现 [J].学习与实践，2021（09）.

[30] 弓联兵.政治吸纳与组织嵌入——执政党统合私营企业的逻辑与路径分析 [D].上海：复旦大学，2012.

[31] 管恩琦.非公有制企业党的组织建设研究 [D].大连：大连海事大学，2012.

[32] 候俊.非公有制企业党的建设中党员教育管理创新研究 [D].武汉：武汉理工大学，2013.

[33] 陈志谦.转型期私营企业党的建设研究 [D].北京：中共中央党校，2005.

[34] 范霞.我国私营企业党组织功能和实现途径研究 [D].济南：山东大学，2016.

[35] 高红波.非公有制企业党组织建设的运作逻辑 [D].武汉：武汉理工大学，2014.

[36] 付佳迪.非公有制企业党的建设运行机制研究 [D].武汉：武汉理工大学，2017.

[37] 王鹏.新时代非公有制企业党的组织力提升研究 [D].济南：山

东大学，2022.

（五）英文文献

［1］Davis R. The web of Polities：The Interets Impact on the American Political System［M］. London：Oxford University Press，1999.

［2］Peloza J，Shang J. How can Corporate Social Responsibility Activities Create Value for Stakeholders？ A Systematic Review［J］. Journal of the Academy of Marketing Science，2011，39（1）：117–135.

［3］Schattlschneider E. E. The Struggle for Party Govemment［M］. University of Maryland，1948.

［4］Pancbianco A. Political Parties：Organization and Power［M］. Cambridge Universit Press，1988.

［5］Ware A. Political Parties and Party Systems［M］. New York Oxford University Press，1996.

［6］Saieh T.Governance and polities of China，Basingstoke，Hampshire UK［M］. New York：Palgrave Macmilan，2004.

［7］Godfrey P C. The Relationship between Corporate Philanthropy and Shareholder Wealth：A Risk Management Perspective［J］. Academy of Management Review，2005，30（4）：777–798.

［8］Porter M E，Kramer M R. The Competitive Advantage of Corporate Philanthropy［J］. Harvard Business Review，2002，80（12）：56–68.

［9］Gunther R. Political Parties–Old Concept and Challenges［M］. Oxford University press，2002.

[10] Pierre F. Landry: Controlling Decentralization: The Party and local elites in Post-mao [M]. Ann Arbor Miich: UMI, 2001.

[11] Bruce J. Dickson. Allies of the State: Democratic Support and Regime Support among China's Private Entrepreneurs [J]. China Quarterly, 2008.

[12] Sanchez C M. Motives for Corporate Philanthropy in EI Salvador: Altruism and Political Legitimacy [J]. Journal of Business Ethics, 2000, 27 (4): 363-375.

[13] Dickson B J. Beijings Ambivalent Reformers [J]. Current History, 2004.

[14] Dickson B J. Cooptation and Corporatism in China: The Logic of Party Adaptation [J]. Political Science Quarterly, 2000.

[15] Hong Z.Mapping the Evolution and Transformation of the New Private Entrepreneurs in China [J]. Journal of Chinese Political Science, 2004.

[16] Andreoni J. Impure Altruism and Donations to Public Goods: A Theory of Warm-glow Giving [J]. The Economic Journal, 1990, 100 (401): 464-477.

[17] Li H, Meng L, Wang Q, et al. Political Connections, Financing and Firm Performance: Evidence from Chinese Private Firms [J]. Journal of Development Economics, 2008.

[18] Huang D, Chen C.Revolving out of the Party-state: the Xiahai Entrepreneurs and Circumscribing Government Power in China [J]. Journal of Contemporary China, 2015.

[19] Szelenyi I, Manchin R, Juhasz P, et al. Socialist

Entrepreneu Embourgeoisement in Rural Hungary [M]. Madison: University of Wisconsin Press, 1988.

[20] Duckett J. The Emergence of the Entrepreneurial State in Contemporary China [J]. Pacific Revlew, 1996.

[21] Hambrick D C, Mason P A. Upper Echelons: The Organization as a Reflection of its Top Managers [J]. Academy of Management Review, 1984 (9): 193–206.

[22] Chen J, Dickson B J. Allies of the State: China's Private Entrepreneurs and Democratic Change [M]. Cambridge: Harvard University Press, 2010.

附　录

《新时代非公有制企业党建工作机制创新的自贸港实践研究报告》调查问卷

尊敬的先生/女士：

您好！真心地感谢您参与此次问卷的调查！

为了进一步了解和掌握海南自由贸易港背景下非公有制企业党建工作存在的问题，摸清广大非公有制企业党员的思想状况以及非公有制企业党务工作者的工作状态，现将一份学术性调查问卷，并且是无记名的问卷发放给大家，旨在客观真实地了解目前自贸港背景下的非公有制企业党建工作的一些基本情况，增强非公有制企业党建工作的针对性和有效性。调查获得的资料只作研究之用，不针对某个企业、组织或个人，并绝对保密。您的看法对本次调研十分重要，请您拔冗填写问卷，本着实事求是的原则作答。感谢您的支持与协助，祝工作顺利！万事如意！

1.您的身份是：

A.非公有制企业主（老板）　　B.党组织书记（负责人）

C.党员员工　　D.普通员工

2.您认为在非公有制企业中建立党组织：

A.很有必要　　B.可有可无　　C.没有必要

3.您所在的非公有制企业现有党员规模？

A.无党员　　B.1—3人

C.4—10人　　D.11人以上

4.您所在的非公有制企业党务工作者相关情况？

A. 专职人员负责　B. 兼职人员负责　C. 出资人负责

5. 您对非公有制企业中党的建设现状:

A. 非常满意　B. 比较满意

C. 不满意　D. 不了解

6. 您若遇到困难，一般会向谁求助:

A. 党组织　B. 工会　C. 企业主

D. 党员　E. 朋友

7. 如果您是党员，您愿意在非公有制企业中表明身份吗?

A. 愿意　B. 视情况而定　C. 不愿意

8. 您认为谁适合担任非公有制企业党组织书记:

A. 党员企业主兼任　B. 上级党组织指派人员

C. 内部选举产生　D. 其他

9. 您认为非公有制企业党务工作者与职工群众的关系:

A. 很密切　B. 较密切

C. 一般　D. 差

10. 您认为您企业里党务工作者的业务工作能力:

A. 很强　B. 较强

C. 一般　D. 较差

11. 您认为影响非公有制企业党务工作者工作积极性的最主要原因是:

A. 企业主对党建工作重视不够，得不到人们的尊重

B. 党务工作部门是“清水衙门”，收入较低，缺乏吸引力

C. 党务工作好坏无具体评价标准，难以体现自身价值

D. 其他

12. 您所在的非公有制企业党员是否落实“双报到”工作，参加社区党组织活动?

A. 已落实　B. 未落实　C. 不清楚

13. 您所在的非公有制企业是否有党建阵地?

A. 有　　B. 没有

14. 与其他员工相比，党员在非公有制企业中:

A. 业绩更突出　　B. 责任感更强

C. 得到更多发展机会　　D. 受到更多尊重

E. 与其他员工没什么区别

15. 您所在的非公有制企业是否开展品牌创建?

A. 没有　　B. 不清楚

16. 您认为非公有制企业党组织的主要职责是（可多选）:

A. 积极宣传党的路线方针政策，促进企业的健康快速发展

B. 维护党和国家的利益、企业的合法权益、员工的正当权益

C. 服务企业发展、服务党员、服务员工

D. 积极参与企业重大问题决策，做好党管人才工作

E. 积极开展党的活动，凝聚党员和员工群众

F. 其他

17. 您认为党组织在参与非公有制经济组织重大问题决策情况:

A. 能够参与，并能发挥应有的作用

B. 能够参与，但只能起到一定作用

C. 仅仅是走个形式，发挥不了作用

D. 不能参与

18. 您认为您所在的非公有制企业中党组织发挥作用总体情况:

A. 很好　　B. 较好

C. 一般　　D. 差

19. 您认为党组织开展的活动对非公有制企业的发展:

A. 作用明显　　B. 作用有限

C. 作用一般　　D. 没起作用

20. 您认为吸引职工向党组织靠拢的最主要因素是:

A. 党组织对党员的关心帮助

B. 企业党员的模范带头作用

C. 党组织开展的活动

D. 党组织的威信，在企业中发挥作用

21. 您对您所在的非公有制企业中党员作用的发挥:

A. 非常满意　　B. 满意

C. 基本满意　　D. 不满意

22. 您认为您所在的非公有制企业中党员的业务工作能力:

A. 很强　　B. 较强

C. 一般　　D. 较差

23. 您所在的非公有制企业中党组织在服务群众方面的状况（可多选）:

A. 关心职工群众的利益和身心健康

B. 关心职工的工作、学习和发展

C. 反映职工愿望和诉求，推动企业民主管理

D. 开展爱心捐助、扶危济困活动

E. 组织职工文体活动、公益活动

如果您不是共产党员，填答到此结束，如果您是共产党员，请您继续回答以下问题。

24. 您认为上级党组织对非公有制企业党建工作:

A. 非常重视　　B. 比较重视

C. 一般　　D. 不重视

25. 您所在的非公有制企业中党组织书记（负责人）是如何产生的?

A. 上级党组织选派　　B. 企业内部党员选举产生

C. 面向社会选聘　　D. 其他

26. 在教育学习方面，您认为非公有制企业党员最有效的培训方式是?

A. 集体学习研讨　　B. 专题讲座　　C. 参观走访
D. 网络学习　　E. 其他方式

27. 对于党建类课程学习，您比较关注的内容是?

A. 红色故事　　B. 政策解读　　C. 法律法规
D. 战略方向　　E. 党务管理　　F. 品牌建设

28. 您所在的非公有制企业是否开展品牌创建?

A. 没有　　B. 不清楚

29. 若您所在的非公有制企业党组织创建党建品牌，更倾向的创建方式是什么?

A. 单独创建
B. 与其他单位/行业党组织共同创建
C. 无所谓

30. 您认为非公有制企业创建党建品牌的目标是什么?

A. 对内凝心聚力，打造团队精神
B. 系统呈现党建亮点与特色
C. 塑造单位品牌形象，助力经济发展
D. 评优创新，争创荣誉
E. 输出党建文化与党建经验

31. 您认为非公有制企业党建品牌建设与企业发展的融合度如何?

A. 非常紧密　　B. 比较紧密　　C. 一般
D. 基本不结合　　E. 完全不结合

32. 您认为目前非公有制企业党建工作存在的主要问题是:

A. 多头领导，隶属关系不顺　　B. 分工不明确，难以开展工作
C. 有领导无权力，不能发挥作用　　D. 其他

33. 您认为党务干部队伍中存在的突出问题是:

A. 行政兼职过多，无法对党建工作倾注更多的精力

B.业务水平和专业素质不高

C.缺少必要的激励保障机制

D.上级党组织工作指导不够

E.难以得到业主和员工的支持

F.其他

34.您认为当前非公有制企业党建工作是否需要建立职业化党务干部队伍?

A.需要　　B.根据实际情况而定　　C.不需要

35.您所在的非公有企业中党组织组建方式是:

A.单独组建　　B.联合其他单位组建

C.挂靠其他单位组建　　D.没有建立

36.您所在的非公有制企业中党组织在促进企业发展方面的主要渠道有(可多选):

A.参与企业决策与管理

B.开展建言献策、技术革新、劳动竞赛等活动

C.参与企业文化建设

D.发挥党员的模范带头作用

E.引导、监督企业依法经营,健康发展

F.凝聚员工积极性支持企业发展

G.其他

37.您认为非公有制企业中党组织存在的最突出问题是:

A.在企业没有地位和权威

B.组织不健全,工作不落实

C.党组织创造力、凝聚力和战斗力不强,不能有效发挥核心作用

D.党组织不能很好围绕企业中心任务开展工作,存在“两张皮”现象

E.其他

38. 您认为非公有制企业中党组织作用发挥不明显的最主要因素是:

A. 党组织职能定位不明确，党组织活动方式不新颖

B. 党务干部的整体素质不适应新形势新任务的需要

C. 上级党组织对企业党建工作的领导和指导不够

D. 非公有制企业主不支持

E. 其他

39. 您所在的党组织召开民主生活会的情况:

A. 半年1次　　B. 1年1次

C. 没有规律　　D. 没有召开

40. 您所在的非公有制企业中党组织对党员的关心情况:

A. 经常找党员谈心、帮党员解决实际困难

B. 主动探望和慰问有困难的党员

C. 偶尔找党员谈心、问问情况

D. 不关心和不主动解决党员的实际困难

41. 您认为在非公有制企业中发展党员难的最主要原因是:

A. 非党职员对党的认识不足、积极性不高

B. 党组织培养发展工作不力

C. 员工流动性大，发展有困难

D. 其他

42. 您所在的非公有制企业主对党组织开展的党建活动所持态度:

A. 非常支持　　B. 比较支持

C. 一般　　D. 不支持

43. 您所在的非公有制企业中党员员工对党组织开展活动所持态度:

A. 积极参加　　B. 有时参加，有时不参加

C. 不愿参加　　D. 受客观因素制约不能参加

44. 您认为党员不愿参加党组织活动的最主要原因是:

A.内容空洞、枯燥，教育效果差

B.形式呆板、乏味，缺乏吸引力

C.工资奖金等经济利益会受到影响

D.党组织平时关心、帮助不够，有抵触情绪

E.参不参加一个样，没有任何要求和约束

45.您认为改进非公有制企业中党组织活动的主要措施是（可多选）:

A.发挥党员的主体作用

B.创新组织生活的形式

C.增强对党建工作的经费投入

D.丰富组织生活的内容

E.积极主动关心党员

F.其他

46.您所在的党组织开展党员学习活动的情况:

A. 1月1次　　B. 1季度1次

C.没有规律　　D.没有组织

47.您所在的非公有制企业中党员日常学习教育方式有（可多选）:

A.自学　　B.集体学习和讨论

C.听辅导报告或专题讲座　　D.参观学习

E.网络互动教育　　F.组织文体活动

G.其他

48.您认为非公有制企业党员教育存在的主要问题是:

A.党组织对党员教育的针对性不强，方式方法缺少新意

B.党员身份的多重性，在一定程度上增加了党员教育的难度

C.党员流动性强，“隐性”党员、“口袋”党员问题比较突出，组织较困难

D.党员活动场地匮乏，经费不足

E.其他

49.您认为加强非公有制企业党员教育的主要措施有:

A.以“三会一课”为主，加强对党员的教育

B.结合非公有制企业实际和特点，创新党员教育的形式和内容

C.健全各项制度，规范党员教育行为

D.强化典型引导，发挥榜样力量

E.其他

50.您认为非公有制企业中党组织对党员学习教育培训的效果:

A.抓得紧，增强了党性观念，提高了思想觉悟，效果较好

B.能够按照上级要求组织学习，但联系实际针对性不强，效果一般

C.敷衍应付，流于形式，没有多大实际效果

D.内容枯燥陈旧、形式呆板，党员不易接受，没有起到应有效果

51.您认为非公有制企业中党组织对党员的管理:

A.管理有序，措施得当，针对性强

B.方式方法不适应非公有制经济组织实际，针对性不强

C.党员流动性强，“隐性”党员、“口袋”党员问题致使管理难度加大

D.缺乏管理制度载体，难以有效管理

E.其他

52.您认为非公有制企业开展党建工作的保障条件主要有（可多选）:

A.有文件对党建工作作出明确的规定和要求

B.有专项资金对党建工作的支持和投入

C.构建非公有制企业党组织公共服务和活动平台

D.党组织有固定活动场所和时间保障

E.私营企业业主对党建工作的大力支持

F.其他

53.您所在党组织的活动场所、设施状况:

A. 有固定的场所，条件好　　B. 没有固定的场所

C. 无场所

54. 您所在的党组织工作经费来源是：

A. 每年列入了企业财务预算经费　　B. 没有列入预算，实报实销

C. 上级党组织提供经费　　D. 从收缴的党费中返还

E. 完全没有来源

55. 您认为非公有制企业中党内的各类规章制度建设和执行情况：

A. 制度健全，适合非公有制经济组织特点，落实得好

B. 有的制度落实好，有的制度落实差，效果一般

C. 制度不符合实际，难以执行，仅流于纸面文件

D. 制度不健全，执行差

衷心感谢您的支持和参与！

后　记

今年是海南自由贸易港成立五周年，自我从上海华东师范大学来到具有百年红色校史底蕴的琼台师范学院工作以来，我就一直在思考是否能在学术研究上为海南自由贸易港建设做点微薄的贡献。从硕士、博士再到博士后，我的研究方向一直是关注现实问题，侧重于基层党建与基层治理研究。在此后的研究工作中，我把研究的重点放在了非公有制企业党建工作的实践。这一点也不难理解，因为身在习近平总书记亲自谋划、亲自部署和亲自推动的海南自由贸易港建设的大环境下，非公有制企业在党的领导下对海南省国民经济生产总值的贡献率已经占据了半壁江山，而且学术界对于非公有制企业党建工作的海南自由贸易港实践鲜有涉及，选择研究非公有制企业党建工作的海南自由贸易港实践已是题中应有之意。

这部书稿，取名为《新时代非公有制企业党建工作机制创新研究——基于海南自由贸易港实践》，这表达了我遵守为海南自由贸易港建设做点微薄学术研究贡献的承诺。具体而言，研究非公有制企业党建工作机制创新，要从整体上把握非公有制企业党建工作机制的一般性规律，就需要破除就“机制”谈“机制”的逻辑误区。非公有制企业党建工作机制创新是一个历史的过程，新中国成立70多年来，非公有制企业的发展优化了所有制结构和完善了社会主义市场经济制度，从公有制经济的有益补充转变为社会主义市场经济的重要组成部分。新中国初期《共同纲领》，把“公私兼顾、劳资两利、城乡互助、内外交流”作为经济建设的根本方针；1978年12月，党的十一届三中全会召开，我们党在所有制结构问题上有了重大的转变，为非公有制经济的发展创造了条件；1980年，以温州章华妹领到的全国第一张个体工商户营业执照为标志，我国非公有制经济进入了发展快车道，1987年，全国城镇个体工商户从业人员数量达到约569万人，非公有制经济得到蓬勃的发展；1992年春天，邓小平同志南方谈话之后，大批官员和书斋中的知识分子改换身份“下海”经商，掀起了投身非公有制经济的浪潮，现在很多知名的非公有制企业都是在那个时候创办的；1997年9月，党的十五大明确了“非公有制经济是我国社会主义市场经济的重要组成部分，对个体、私营等非公有制经济要继续鼓励、引导，使之健康发展”①。2006年1月1日，新修订的《中华人民共和国公司法》正式颁布出台，其中第十九条规定：“在公司中，根据中国共产党章程的规定，设立中国共产党的组织，开展党的活动，公司应为党的活动提供必要的条件。”党的十九届四中全会提出：“坚持公有制为主体、多种所有制经济共同发展和按劳分配为主体、多种分配方式并存，把社会主义制度和市场经济有机结合起来，不断解放和发展社会生产力的显著优势。”②非公有制经济作为党领导下的所有制形式，已经成为推动我国经济社会发展的重要力量，从实践层面上看，非公有制经济的发展进一步彰显了非公有制企业党组织组织力的整体合力。2023年7月14日，中共中央、国务院印发《关于促进民营经济发展壮大的意见》，其中再次强调：“要促进民营经济人士健康成长，持续营造关心促进民营经济发展壮大社会氛围。”可以说，现阶段非公有制企业党建工作机制创新的突破口已从“有形覆盖”转向“有效覆盖”，从“功能覆盖”转向“实效工作开展”阶段。

海南省作为我国最大的经济特区和唯一的自由贸易港，一直争当中国改革的“试验田”和“排头兵”，承担着“在服务国家重大战略中扛起我

① 中共中央文献研究室．十五大以来重要文献选编（下）［M］．北京：中央文献出版社，2011.

② 习近平．中国共产党第十九届中央委员会第四次全体会议公报［N］．人民网，2019-11-01.

国改革开放新高地”的重任。基于海南自由贸易港背景下的非公有制企业党建工作机制创新研究，对于提升党组织组织力影响因素的评估机制——党建工作质量指标的评估机制的“理想模式”，其主要的理论和现实价值在于：其一，拓展了基层党组织组织力研究的理论视野，使得非公有制企业党建工作质量和质量建党成效有了理论指导，有助于充实党建工作研究的方法论基础，推动中共党史党建学科与其他学科的理论交流。其二，“理想模式”的框架结构从基本考核项目、具体指标和党建工作质量指标等方面来看，搭建起了非公有制企业党组织组织力提升的评估框架和党建工作高质量发展的评估标准，既有助于指导非公有制企业党建工作实践，又有助于形成具体考核量表和问卷等，帮助党务工作者或研究者科学地评判非公有制企业党建工作开展的效度。

本书在撰写之初，从理论的梳理和问题的设计到数据的采集，从数据的分析和文稿的讨论，直至形成最后的书稿，历时3年，凝聚了众多领导专家学者特别是非公有制企业一线党务工作者的智慧。在这里要特别感谢我的老师顾红亮教授以及为此书稿提供宝贵意见的华东师范大学丁晓强教授、宋进教授、曹景文教授，复旦大学刘红凛教授，上海市委党校周敬青教授！感谢海南省委组织部三处在开展非公有制企业党建工作调研过程中提供的指导和帮助！感谢琼台师范学院“琼台文库基金”对本书出版的支持！感谢中国财政经济出版社编辑的辛勤付出和帮助！

刘　澈

2023年9月3日于海口江东金蟾岛